「集団的自衛権」はなぜ必要なのか

大川隆法
UHO OKAWA

まえがき

安倍首相主導で、集団的自衛権の行使が、閣議決定で解釈改憲されたとかで、国会も騒がしいし、平和勢力を名乗る左翼グループの政治活動も活発化してきている。

しかし、そもそも日米安保が軍事同盟的性質を持っているのは明らかなので、アメリカが一方的に日本を守るだけという「片務性《へんむせい》」がここまで長く引きずられたのは不思議である。互いに助け合う「双務性《そうむせい》」がなければ、軍事同盟としては有効に機能しない。マッカーサーGHQ（占領軍）が、「日本人の精神年齢は十二歳」と言って保護していたレベルと同じで、七十年近く経って、まだ精神的に成長しきれないのは情けないことだ。

国会はまるで裁判所のようで、細かい8つのケースとか、武力行使の新3要件（①日本や密接な関係にある他国への武力攻撃が発生して国民の権利が根底から覆される明白な危険がある②国の存立を全うし国民を守るために他に手段がない③必要最小限の実力行使）などについて、審議を続けている。議論が細かくなればなるほど国民には判りにくくなるにもかかわらずだ。

私は本書で、グローバルなリーガルマインド（法律的思考）や政治哲学を一般国民にわかるレベルで説いた。

日本に集団的自衛権が必要なのは、先進国としてG7の有力国であるにもかかわらず、国連憲章にいう集団的自衛権の行使の権利（及び義務）から逃げ、かつ、防衛力が弱体だからである。

換言すれば、国際情勢の変化にもかかわらず、改憲する勇気もなく、イノベーションへの国家の気概がないからである。

日本よ、早く「半主権国家」を卒業し、「主権国家」へと脱皮せよ。占領軍に英文で下賜《かし》された現行憲法をいつまでも国教とするなかれ。日本人よ、考える力を持て。前例主義で思考停止するのはもう終わりだ。

安倍政権は次の総選挙で必ず憲法九条改正を掲《かか》げるべし。その勇気と気概がなければ、「武士道国家」としての恥を知るべきである。

二〇一四年　七月十五日

幸福実現党総裁《こうふくじつげんとうそうさい》　大川隆法《おおかわりゅうほう》

「集団的自衛権」はなぜ必要なのか　目次

「集団的自衛権」はなぜ必要なのか

二〇一四年七月十四日　説法《せっぽう》
東京都・幸福の科学 教祖殿《きょうそでん》 大悟館《たいごかん》にて

「集団的自衛権」はなぜ必要なのか

二〇一四年七月十四日　説法《せっぽう》

東京都・幸福の科学　教祖殿《きょうそでん》　大悟館《たいごかん》にて

質問者

武田亮《たけだりょう》（幸福の科学副理事長 兼《けん》 宗務《しゅうむ》本部長）

酒井太守《さかいたいしゅ》（幸福の科学宗務本部担当理事長特別補佐《ほさ》）

秦陽三《はたようぞう》（幸福の科学常務理事 兼 宗務本部庶務局長）

竹内久顕《たけうちひさあき》（幸福の科学宗務本部第二秘書局局長代理）

［質問順。役職は収録時点のもの］

1 「集団的自衛権」をめぐる反対論に答える

国民に分かりにくい「集団的自衛権」の問題

「集団的自衛権」の問題については、「閣議決定も終わったので、だいたい山場を越《こ》えた」と思って見ていたのですが、まだ多少くすぶっているようです。支持グループがどこかはよく分かりませんが、官邸《かんてい》前のデモなども多いですし、〝平和グループ〟と称《しょう》する人たちがいろいろと運動をしているようです。

また、昨日（七月十三日）は、滋賀《しが》県知事選が行われ、僅差《きんさ》ではありましたけれども、与党《よとう》である自民・公明連立で推薦《すいせん》した方が落選し、民主党系の方が当選しました。これを見るかぎり、安倍《あべ》政権が踏《ふ》み切った「集団的自衛権」の解釈変更《かいしゃくへんこう》を、閣議決定で行ったことに対し、逆風が吹《ふ》いているのではないかと思います。

その一部には、もちろん、原発反対の部分も入っているでしょうし、それ以外にも、自民党議員による野次《やじ》問題（東京都議会）等も入っているかもしれません。

各紙の調査では、「どうも、集団的自衛権の議論はあまりよく分からない」という人が多いように感じます。全体的な印象としては、「国会での論戦を聞いても、細かい話がたくさん出てくるのでよく分からないし、テレビを観《み》てもやはり分からないし、新聞の議論もどうもよく分からないし、週刊誌を読んで

論点 集団的自衛権に関する「武力行使の新3要件」

①我が国に対する武力攻撃が発生した場合のみならず、我が国と密接な関係にある他国に対する武力攻撃が発生し、これにより我が国の存立が脅かされ、国民の生命、自由及び幸福追求の権利が根底から覆される明白な危険がある場合に、

②これを排除し、我が国の存立を全うし、国民を守るために他に適当な手段がない時に、

③必要最小限度の実力を行使すること。

本収録当日の７月14日、衆院予算委員会で集中審議が行われ、安倍晋三首相が「集団的自衛権」に関する質問に対して答えた。安倍首相は、「武力行使の新３要件」（上表）に基づき、中東のペルシャ湾・ホルムズ海峡での機雷除去の必要性について強調。これに対し民主党など野党からは「軍拡競争になる」「自衛隊員のリスクが高まる」「海外派兵はしないと言いながら、機雷を除去するのは、分かりづらい」などの反対意見が出た。

安倍首相は、「自衛隊と米軍が、『1＋1＝2』になることで抑止力が強化される」と、集団的自衛権行使のメリットを挙げたが、総じて抽象的な各論の応酬に終始した。

も分からない」といった感じです。

丁寧《ていねい》に議論しようとしたのではありましょうが、かなり「細かい議論」をしすぎたために、物事の本質があまりよく見えなくなった面はあるでしょう。

そうしたよく分からない状況《じょうきょう》のなかで、全体的に、「戦争をする方向に突《つ》き進んでいるらしいよ」というような空気が立ち上りつつあり、そういうムードに動かされ始めているように思うのです。

「保守系マスコミ」対「左翼《さよく》系マスコミ」の力比べ

ただ、それらの動きに対しては、やや危険な感じもしており、全体的なものを見る目がないと、間違《まちが》いを犯《おか》すのではないかと考えています。

しかし、別に、日本が戦争をしたくなって、急に軍国主義化を進めているわけではありません。

どうも、「新聞の一面に載《の》っている政治記事」と、「国際欄《らん》の記事」との連動ができないらしいし、テレビの報道でも、「国会でのさまざまな議論」と、「国際情勢の報道」とは別になっているところがあって、これらが連結していない、あるいは、そのように認識されないようにしているところがあります。

これは、編集の仕方によって、どうにでもなるものですが、基本的に、マスコミのスタンスにもよると思います。大きく言えば、「保守系マスコミ」対「左翼《さよく》系マスコミ」の力比べ、綱引《つなひ》きが行われていると言えるでしょう。

先の民主党政権が立ったときには、左翼系マスコミが優位に立って圧勝しましたが、民主党政権が三年続いて、今度は、保守系のほうが巻き返して圧勝したわけです。しかし、今回の「集団的自衛権」問題をめぐり、「この力関係を引っ繰《く》り返せないか」という綱引きをしているようにも見えます。

「米中韓日《べいちゅうかんにち》」の激しい外交戦が始まっている

ところが一方では、「戦争とは、政治あるいは外交の延長である」という、『戦争論』を書いたクラウゼヴィッツのような軍事の専門家の意見（正確には、「戦争とは他の手段をもって行う政治の継続《けいぞく》である」という言葉が有名）もあります。

現実に、安倍総理の諸外国への訪問は非常に多く、アジア・オセアニア、ヨーロッパやアメリカ、アフリカまで、かつての歴代内閣にないほど、そうとうのところを動いています。

一方、中国の習近平《しゅうきんぺい》国家主席は相変わらず強引《ごういん》で、この前、無理やり、「李《り》克強《こくきょう》をイギリスの女王に会わせろ」と言ってきて、少々評判が悪かったようですし、ドイツのメルケル首相を北京《ペキン》に呼んでみたりしています。また、安倍首相が七月十二日までにニュージーランド、オーストラリア、その他、オセアニア諸国を回ったことに対抗《たいこう》するかのように、習近平主席は、十三日から中南米四カ国（ブラジル・アルゼンチン・ベネズエラ・キューバ）を歴訪するために専用機で飛び立ったという状況です。

このように、「どちらがどちらを包囲するか」というような激しい外交戦が、すでに始まっています。そのなかで、別途《べっと》、実際上の防衛問題が話し合われているところなのです。

　客観的に言えば、韓国《かんこく》の李明博《イミョンバク》前大統領が竹島《たけしま》に上陸し、中国は尖閣《せんかく》領有宣言をしたばかりか、「琉球《りゅうきゅう》（沖縄《おきなわ》）は中国の領土だ」というようなことも言い出し、ベトナムやフィリピンとも領土紛争《ふんそう》等を抱《かか》えている状況です。さらに、今、中国は「第一列島線」から「第二列島線」へと駒《こま》を進めようとしており、東京の南方にある小笠原《おがさわら》諸島のラインから南のほうまで、完全に勢力圏《けん》、制海圏に入れようとしています。

　そのため、安倍首相は、中国を警戒《けいかい》し始めているベトナム、フィリピン、オーストラリア等の国々と連衡《れんこう》し、さらに、インドやロシア等とも関係を深めようとしています。さらに、軍事的に退《ひ》いていこうとしているアメリカとも、軍事同盟の部分をもう一段強くしようとしているわけです。

　一方では、韓国の朴槿恵《パククネ》大統領が〝怪《あや》しい動き〟をしており、中国と非常に

「第一列島線」および「第二列島線」

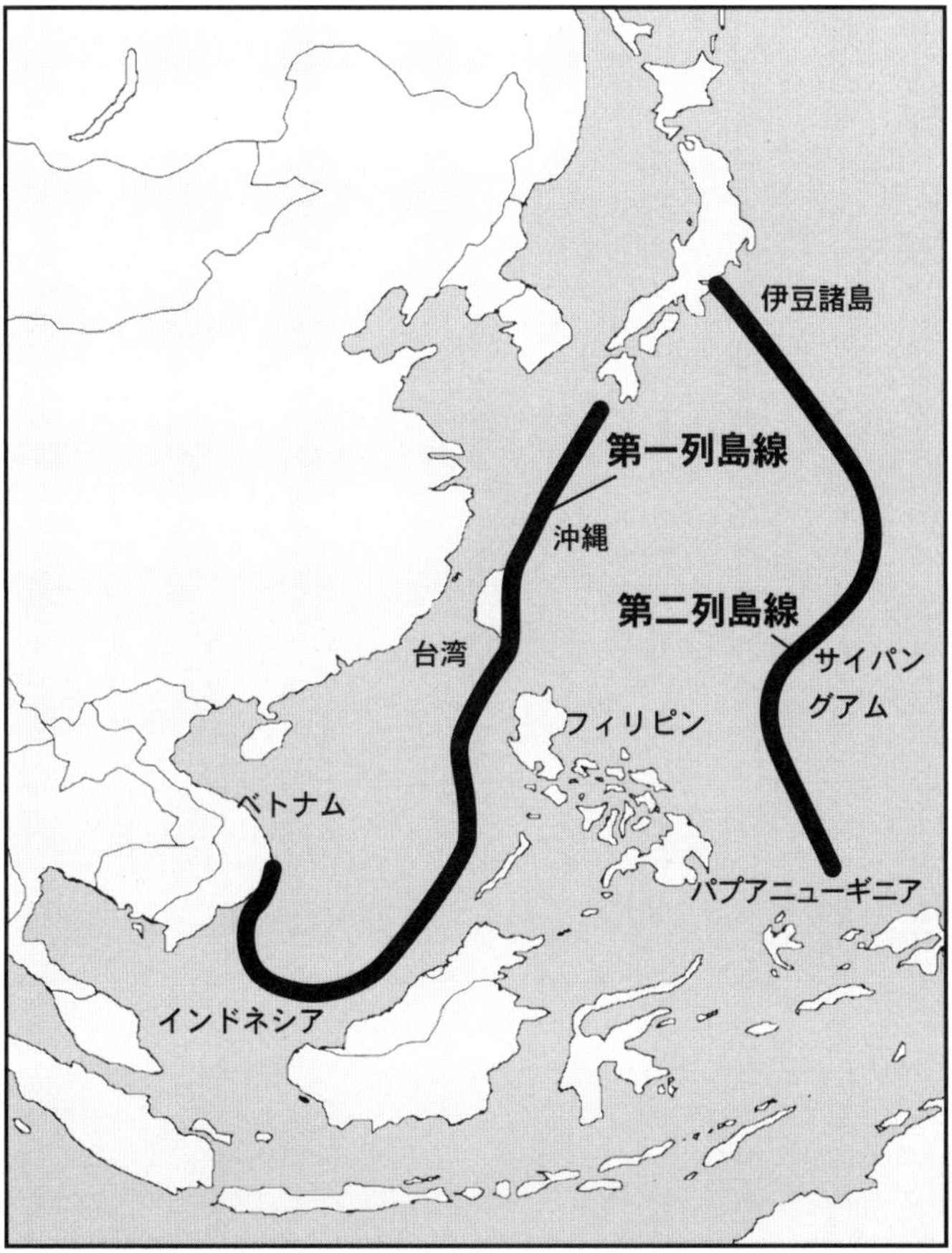

中国が対米防衛線として計画している「第一列島線」は、九州・沖縄から台湾、フィリピン、インドネシアに至るライン。「第二列島線」は、伊豆諸島、小笠原諸島からサイパン、グアム、パプアニューギニアに至るラインを指す。

接近しながら、かつまた、アメリカとは軍事同盟関係にあるような、どっちつかずの、どちらにでも行けるようなスタンスを取っています。日本に対する非難を続けていた点については、今、多少の反作用として、日本側からも言論による攻撃《こうげき》をされていると思います。

アメリカが中国と組む「最悪のシナリオ」も

また、アメリカのほうも、心配がないとは言えない面があります。オバマ大統領のノーベル平和賞受賞あたりをきっかけにして、アメリカは軍事的に退潮《たいちょう》していっています。イラクやアフガニスタンからも退いていき、今後、同盟国に対する何らかの軍事的支援《しえん》ができるのかどうかは微妙《びみょう》なところです。ロシアのウクライナ問題等では、言論で多少威嚇《いかく》してみせたりはしましたけれども、実際上は、相手があれだけの大国になると動けないところもあるでしょう。

このような段階で、例えば、尖閣や沖縄等での軍事的問題が何か起きたときに、「本当にアメリカは動くのか」という疑問がないわけではありません。

したがって、これまでの日米安保《あんぽ》条約が、「米国が一方的に日本を守る」というような片務《へんむ》的なもの、片側だけが守るようなものだったところから、安倍政権が双務《そうむ》的なもの、要するに、「軍事同盟である以上、同盟国をお互《たが》いに守り合う」という、ある意味で対等な関係のほうに持っていこうとしていること自体は、「米国を『日本防衛の義務』から逃《に》がさないようにする行為《こうい》」でもあると言えるでしょう。

一方、経済的に見れば、日米間よりも米中間のほうが貿易額は大きくなってきており、もし、オバマ大統領のあと、例えば、ヒラリー・クリントン氏、その他、中国に対してある程度の理解をする人が出てきて、かつての日本が行ってきたように、「軍事よりも経済のほうを重視する考え」が出てくるようであれば、最悪の場合、「米中が組んで日本をいじめる」という図式になることも、ないわけではありません。

特に、ヒラリー氏の場合は、『ザ・

論点

集団的自衛権の行使容認で日米同盟が大きく強化される

日米安保は軍事同盟であり、通常、集団的自衛権を行使できない国とは成り立たない。日米安保条約は例外的に「米軍は日本を守るが、自衛隊は米軍のためには戦えない」という片務的なものとなった。

しかしその後、アメリカは日本に対して、集団的自衛権を行使してお互いのために戦える双務的な体制づくりを要請してきた。

「日本がアメリカの戦争に巻き込まれる」との議論もあるが、集団的自衛権が使えないままでは、自衛隊が紛争に対する抑止力としては十分期待できない。集団的自衛権を認めることで、日米や他の関係国の戦力を合わせた抑止力が高まり、逆に戦争に巻き込まれにくくなる。

レイプ・オブ・南京《ナンキン》』（アイリス・チャン著）に書かれた〝南京大事件〟での虐殺《ぎゃくさつ》や、「日本軍が二十万人単位でレイプしたのではないか」というようなことを信じている節もかなりあります（注。二〇一四年六月十二日、アイリス・チャンの霊言《れいげん》を収録したところ、「南京大虐殺はなかった」と否定した。『天に誓《ちか》って「南京大虐殺」はあったのか』〔幸福の科学出版刊〕参照）ので、米中韓あたりで組まれると、逆に、日本が完全孤立《こりつ》する可能性もないわけではありません。

そのように持っていかれると、現在の国際連合になる前の国際連盟の時代に、松岡洋右《まつおかようすけ》を代表として臨《のぞ》んだ国連総会において、日本は連盟を脱退《だったい》し、孤立したあたりから第二次大戦になっていったように、ほかの国が中国を恐《おそ》れて、逆に日本がスピンアウトしていく可能性も、ないとは言えません。

国連加盟国は「集団的自衛権」を有している

国連憲章において、国連加盟国は集団的自衛権を有することになっており（第五十一条）、日本も国連加盟国の一つであるわけですが、独自の国内的理由により、やや議論が難しくなっている面もあります。

日本国憲法第九条には「国際紛争を解決する手段としての戦争を放棄《ほうき》する」といったことが書かれているため、昔から、歴代の政府、内閣による解釈や、首相の答弁等では、「集団的自衛権の権利を持ってはいるけれども、憲法上の制約から、行使はできない」といったかたちで、非常に分かりにくいことを述べてきています。

論点 集団的自衛権と個別的自衛権

国際法上、各国に固有の権利として「自衛権」が認められており、個別的自衛権と集団的自衛権に分類されている。

○**個別的自衛権**＝自国への武力攻撃に対し、実力をもって阻止・排除する権利。
○**集団的自衛権**＝ある国が武力攻撃を受けた場合、これと密接な関係にある他国が共同して防衛にあたる権利。

国連憲章第51条〔自衛権〕
この憲章のいかなる規定も、国際連合加盟国に対して武力攻撃が発生した場合には、安全保障理事会が国際の平和及び安全の維持に必要な措置をとるまでの間、個別的又は集団的自衛の固有の権利を害するものではない。

だが、日本は憲法9条があるため、自衛権の範囲を限定してきた。1981年の鈴木善幸内閣から、「日本は集団的自衛権を持っているが行使できない」という政府解釈を維持していた。

日本国憲法第9条
1.日本国民は、正義と秩序を基調とする国際平和を誠実に希求し、国権の発動たる戦争と、武力による威嚇又は武力の行使は、国際紛争を解決する手段としては、永久にこれを放棄する。
2.前項の目的を達するため、陸海空軍その他の戦力は、これを保持しない。国の交戦権は、これを認めない。

すなわち、「自衛隊は、『自衛のための組織』であって、軍隊ではない」というものと同じような、「白馬《はくば》は馬《うま》にあらず」型の、非常に難しい日本語的な論理が通っているため、このあたりは、非常にやりにくく、率直《そっちょく》な議論をしにくいところではあります。

おそらく、安倍政権を批判する側の考えとしては、主として、「憲法改正をするのが論理的な筋である。憲法九条の改正をしてから、集団的自衛権を行使すべきだ。それをせずに、政府の解釈による改憲をするのは卑怯《ひきょう》であり、これは軍事大国への道を開くことになるのだ」というような考えだろうと思うのです。

論点

集団的自衛権についての歴代政府の解釈

集団的自衛権は、国連憲章第51条に盛り込まれ、国際法上定着した。日本政府としての集団的自衛権についての解釈は時々で変更され、1981年5月、鈴木善幸内閣が出した政府答弁が、これまで維持されてきた。

年代	自衛権をめぐる政府解釈
1940年代	憲法9条第2項により「一切の戦力不保持」が定められているため、実質的に自衛権を行使できない **＝個別的自衛権さえも放棄している**
1950年代	51年10月　吉田茂首相 「国が独立した以上、自衛権は欠くべからざるものであり、当然の権利である」**＝個別的自衛権は認められる**
1960年代	60年3月　岸信介首相 「日本が独立国として国際法上個別ならびに集団的自衛権を持っていることはきわめて明瞭な事柄であり、これが憲法違反になるという問題ではない」「他国に基地を貸して、自国のそれと協同して自国を守ることは、従来集団的自衛権として解釈されており、そういうものはもちろん日本として持っている」 **＝集団的自衛権は持っている**
1970年代	72年10月　参院決算委員会提出資料（田中角栄内閣） 「他国に加えられた武力攻撃を阻止することをその内容とする集団的自衛権の行使は、憲法上許されない」 **＝集団的自衛権の行使は許されない**
1980年～	81年5月　政府答弁書（鈴木善幸内閣） 「憲法第 9 条の下において許容されている自衛権の行使は、我が国を防衛するため必要最小限度の範囲にとどまるべきものであると解しており、集団的自衛権を行使することは、その範囲を超えるものであって、憲法上許されない」

「憲法改正」を言うなら、自衛隊の存在そのものが「違憲《いけん》」

ただ、これに対しては、憲法の専門家や政治学の専門家も、そのように言う人が多いですし、マスコミに登場する機会も多いのですけれども、それを言うのであれば、自衛隊の存在そのものが問題です。憲法改正をしないで、自衛隊法で成り立っているということ自体、憲法をいじらずに自衛隊をつくったこと自体が、もっと重大な問題ではあるのです。

もちろん、GHQ（連合国軍総司令部）からの指令があってのことではあります。朝鮮《ちょうせん》戦争があって、米軍だけではやや足りないので、日本の再軍備を推《お》し進めたところがあるわけです。自衛隊についてもそうですし、防衛庁が「防衛省」に昇格《しょうかく》したことなどもそうでしょう。これは、アメリカの国防総省のようなものですので、このへんについても、憲法問題と言えば憲法問題なのかもしれません。

ここに来て、集団的自衛権の問題がずいぶん言われてはおりますが、集団的自衛権の基本的な考え方としては、それがないならば、「個別的自衛権」しか残っていないのです。

また、個別的自衛権としては、結局のところ、日本は戦争をする権利はないのだけれども、いわゆる自然権としての、「正当防衛の権利」まで否定されたものとは考えられません。そういうことで、「敵から攻撃を受けた場合、それに反撃して自国を守り、自国民を守ることだけは許されている」というところで止まっているのでしょう。

ただ、国際情勢は簡単ではありません。戦争は二国間だけで起きるものではなく、いろいろなものが複雑に絡《から》み合ってくることがありますので、そのときに機動的に動けるかどうかという問題はあるわけです。

「自衛隊員が死ぬようになる」という左翼《さよく》の論調

これに対して、政府が具体的な例をたくさん出しながら説明した分、かえって分かりにくくなったところもあるのではないでしょうか。また、「そういう事例は考えられない」などと、いろいろなことを言う方もあります。

ただ、外交評論家の岡崎久彦《おかざきひさひこ》氏が言うように、「ペルシャ湾《わん》辺りから日本まで石油タンカーが来る場合、シーレーンを守るため、日本の自衛隊が米軍と共にタンカー防衛ができるようになった」ということで、「非常に行動範囲《はんい》が広くなった」と肯定《こうてい》的に受け止める方もいます。

一方、左翼《さよく》的なほうから言えば、「これで人が死ぬぞ。戦後、自衛隊には戦争で死んだ人はいないけど、これから死ぬようになるぞ」という感じでしょう。

例えば、湾岸戦争の際、日本と同じようにお金だけを出して軍隊を出さなかったドイツが、非常に非難を受けたので、その後、四年間の国会での議論を経て、「NATO《ナトー》（北大西洋条約機構）以外にも軍隊を出してもいい」という結論になったわけですが、やはり、ドイツの軍隊もアフガン等に出て、実際には何十人かの死者を出しました。

そこで、「今度は日本が、そのようになるぞ。自衛隊員が、ベトナムやフィリピン等で死ぬようになっても構わないのか。あるいは、台湾や尖閣などを含《ふく》めて、いろいろなところで死ぬようになるぞ。それでいいのか。これで平和が後退し、軍事色が強くなったのだ」というような意見があるのです。

問題は、今の中国・北朝鮮《きたちょうせん》の軍備増強にある

こういう意見を言う人たちは、「軍事的に日本の防衛が有利になるように進めることが、戦争を招く」という言い方をしますし、私も、日本が戦後、憲法九条を守り、平和主義を守ってきたこと自体は、結果的によかったとは思っております。

しかし、今、中国や北朝鮮《きたちょうせん》などが、他国を攻撃できる戦力を着々と増強している現状のなかでは、「憲法の変遷《へんせん》」というものがあるとおり、解釈の変更を

論点

政府が憲法解釈を変更するのは立憲主義に反する？

今回の閣議決定は「憲法の変遷」の観点から必要

集団的自衛権容認に対する反対論に、「行政府だけの判断で重大な解釈変更を決めたことは立憲主義に反する」というものがある。これについては「憲法の変遷」という考え方が重要だ。それは、「憲法規範は改正されないのに、その本来の意味が国家権力による運用によって変化すること」（『憲法』芦部信喜著・岩波書店）。国を取り巻く状況が変化すれば、以前とは異なる憲法の運用が許容される場合があるという。

日本国憲法は、国連が世界の平和と安定に寄与すること、前文にあるように近隣諸国が「平和を愛する諸国民」であることを前提としている。だが、現実には国連安全保障理事会はほとんど機能しておらず、軍拡を続ける中国や北朝鮮の現状は「平和を愛する諸国民」とは言いがたい。

本来、早急に9条の改正が必要だが、日本周辺の安全保障環境の変化に応じて、国民の生命、安全、財産を守る幸福追求権が維持されるための解釈変更は認められるべきだろう。

『平和への決断』（大川隆法 著・幸福の科学出版刊）で、以下のように説いている。

> 一つの方法論として、「日本国憲法の前文には、『平和を愛する諸国民の公正と信義に信頼して、われらの安全と生存を保持しようと決意した』と書いてあるので、平和を愛さないような国家に対しては、憲法九条は適用されないこともありうる」という政府見解を出せばよいのです。そうすれば、今、必要な集団的自衛権の考え方などをしっかり打ち出すことができるのです。

しないといけない面があるだろうとは思うのです。

中国は、アメリカの軍事的退潮を背景にして、ハワイから西側を中国の制海圏にしようと考えていることは明らかですし、アメリカとしても、財政的な部分で、軍事費の削減《さくげん》をするために、「日本のほうでも個別的に、軍事力、防衛力を増強してほしい」という考えも持っているでしょう。

ただ、日本でもいろいろなところで反対運動をしています。「基地反対運動」とか、「オスプレイ配備の反対運動」とか、いろいろなことをされて、嫌《いや》な気持ちを十分に味わっているだろうとは思いますし、さらに、日韓関係が悪いということで、現在、非常にやりにくい立場にあるのではないかと思います。

憲法九条をあくまで死守し、国が滅《ほろ》びても死守するというのも構わないですが、せめてそうした〝平和主義者〟の方々には、「『中国にも憲法九条を導入してほしい』とか、『北朝鮮も同じような状態にしてほしい』とかいう意見ぐらいは言ったらどうだ」と言いたいところです。

「そちらのほうは軍事拡張をしても構わないけれども、日本だけは駄目《だめ》だ」という考え方は、やはり見方として偏《かたよ》りすぎているのではないかと思います。

集団的自衛権・反対派の根っこにある「日本原罪論」

要するに、「日本に原罪があり、日本は悪だから滅びてもしかたがないのだ」というような考えが裏にあるのではないでしょうか。

これに対しては、「かつての古代ユダヤのように、バビロン捕囚《ほしゅう》という感じになっても構わないのか」と問わなければなりません。「『日本が軍事力を行使できないうちに他国に蹂躙《じゅうりん》されてもしかたがない』というところまで認めているのか。それをもって平和と言っているのか」ということです。

要するに、「サブミッション（服従《ふくじゅう》）をもって平和と呼んでいるのかどうか」ということですから、これは価値観の問題、哲学《てつがく》の問題でもあるし、正義論の問題でもあるかと思います。

ただ、中国は、「自分のほうを絶対に悪く言わずに、他国のことを悪く言う」という傾向《けいこう》を持っており、一方的に、日本の七十年以上前の過去のことをあげつらって、現在の自己の軍事拡張については正当化する路線をとっています。

しかし、かつて共産主義圏で、アメリカを追い出した国であるベトナムが怯《おび》えており、さらにフィリピンが怯え、あるいは、オーストラリアやオセアニアの国々が中国の進出を恐れているのを客観的に見れば、何が問題なのかは分かるのではないでしょうか。

適正を欠くマスコミ報道で、国民が迷っている

そういう意味で、やや「マスコミ報道の適正を欠く部分」が、「国民のよく分からない部分」と連結し、今、政権が分岐《ぶんき》点にかかろうとしているのではないかという感じもします。

前述したように昨日の選挙も負けてはおりますが、すでに、「九月解散総選挙」のようなことを持ち出す週刊誌も出てきていますので、「民意を問え」といった声も上がってくる可能性は高いのではないでしょうか。

ただ、軍事的に言えば、核《かく》兵器を持っている国と持っていない国とが戦った

場合、持っている国には勝てないことは分かっています。日本としては核兵器を持っている国との軍事同盟を死守しないかぎり、最終的な国防はできないことが分かっているのです。このへんについては、無前提に〝善意〟を信じることは難しいだろうと思います。

「戦争反対」を主張する公明党・創価学会《そうかがっかい》

また、自民党と連立している公明党も、かつて中国との国交回復に露払《つゆはら》い的な役割をしたことを誇《ほこ》りに思っているところがあり、中国に対して非常に親和的な性質を持っているため、この連立も非常に厳しい状態が続いているのでしょう。

その裏にある宗教団体としての創価学会《そうかがっかい》も、非常に親中的な考え方を持っていますし、戦争中は初代の牧口常三郎《まきぐちつねさぶろう》会長が獄《ごく》につながれたこともあって、共産党と同じく、戦争反対的なところがあるわけです。

なお、戦争反対を主張すると、理論的に非常に分かりやすく、すっきりするので、何となく受けやすい気《け》があるのに対して、賛成派の意見は、「具体例を出して言い逃《のが》れをしているようで、よく分からない」というところが問題なのかとは思います。

「死ぬかも」の議論は、国防に当たる人に対して失礼

前述したように、テレビ朝日などは、「自衛隊の人が死ぬかもしれない」と

いうような議論を出してくる傾向はありますし、メインキャスターの古舘伊知《ふるたちいち》郎《ろう》さんなどは、そうでしょう。ただ、私は基本的に、国防の任務に当たっている人に対して、こんなことは言うべきではないと思うのです。

例えば、消防署にしても、火事のときに人を助け出そうとすれば消防隊員であっても死ぬことがあります。しかし、「火事の際に救出しようとして死ぬ可能性があるから、消防署は持つべきでない」などという議論は成り立ちません。

現実に、アメリカ同時多発テロ事件で、ワールドトレードセンターが崩壊《ほうかい》したときにも、ニューヨークの消防隊員は「英雄《えいゆう》」扱《あつか》いになりましたけれども、数多く突っ込《こ》んでいって、救出しに行って二次被害《ひがい》に遭《あ》い、たくさんの方が亡《な》くなりました。

そのように、災害やテロ、軍事的な行為は、実際、現象的にはよく似ているところはあります。消防署の職員で死ぬこともあれば、津波《つなみ》から避難《ひなん》を呼びかけていた役場の若い女性が逃げられずに津波で死ぬこともあるわけです。あるいは、災害救助といえども、自衛隊員が震災《しんさい》の救助に行って死ぬことだって当然あるでしょう。

基本的に、そうした危険業務に携《たずさ》わる者に関して、「人命尊重の論理」で、その行為そのもの、仕事そのものを否定するということには間違いがあると、私は考えています。

そういうことであれば、東京電力であっても、台風のときに電線を直していて感電死する可能性もないわけではありません。そうなると、「危険だから、電力業務には携わらないほうがいい」ということになるかもしれません。

このように、論理的に小さなものを持ってきて全体を否定してくるという考え方は、十分ではないという感じを持っています。

学者も官僚《かんりょう》もマスコミも「前例主義」になっている

やはり、自分の国も攻《せ》められる恐れがある段階において、一緒《いっしょ》になって戦ってくれる仲間との関係を強化するという考えは、国民にとってプラスに働く判断です。

ですから、いろいろな非難を受けながら、政府が集団的自衛権行使の容認を決断したということは、一つの勇断だと私は思うし、先の御生誕祭《ごせいたんさい》（二〇一四年七月八日）における法話《ほうわ》「繁栄《はんえい》への大戦略」のなかでも、安倍政権の政治的な考え方について、「創造性がある」と一定の評価を与《あた》えています。

論点 集団的自衛権の解釈変更で何が変わるのか？

安倍晋三内閣による今回の閣議決定で、「集団的自衛権を持っているが使えない」体制から、武力行使の新3要件（p.19 参照）を満たすという条件のもと「限定的に使える」体制に変わる。

今回、政府が示した集団的自衛権行使の具体的な8事例は以下の通り。

①日本人など輸送中の米艦防護
②武力攻撃を受けた米艦防護
③不審な船舶を強制的に停船・検査
④アメリカに向かう弾道ミサイル迎撃
⑤アメリカに向かう弾道ミサイル警戒の米艦防護
⑥アメリカ本土が攻撃、日本周辺で米艦防護
⑦シーレーンにおける機雷の掃海
⑧シーレーンにおける民間船舶を各国と共同護衛

この8事例を見ると、朝鮮半島有事や台湾有事、中東へ至るシーレーン防衛等を想定し、いざという時に米軍や関係国の軍と連携して自衛隊が動ける体制を目指したことが読み取れる。

「創造性がある」というのは、言葉を換《か》えれば、「前例主義ではない」ということです。憲法学者や政治学者、あるいはマスコミの人たちが言うことは、ほとんどが前例主義で、「今までは、こうだった」というものでしょう。「戦後七十年近く、憲法九条を守ってうまくいった。経済的発展だけをやってきたのだ。これのどこが間違っているのか」ということですから、まさに前例主義です。学者も前例主義であるし、官僚《かんりょう》も前例主義になりがちではあるし、マスコミも同様でしょう。また、そういう教育を受けてきているわけです。

それに関して、「やはり政治の側としてなすべきことを判断し、打ち出していることは、非常に珍《めずら》しいことだ」と述べました。

いずれにしても、戦争というのは、災害とよく似たところがあり、事前に全部の対策を立てることはなかなかできないのです。

例えば、災害があった場合、事後的に、それから立ち直るための法律や方策を立てることは容易でありましょうが、起きる前にそれをつくるのは、そんなに簡単なことではありません。同じく戦争も、終わったあとで復興のためにさまざまなことをするのは可能でしょうが、起きていない段階で法律をつくったり、政策をつくったりすることはたいへん難しいことであり、それを事前に考えるのは、政治家としての大きな使命だと思うのです。

ただ、国会議員は法律をつくる「ローメーカー」と言われてはいますが、事前に規制する法律をつくるのは、そんなに簡単なことではなく、通常は何か事件が起きたら法律をつくるということがよく起きています。

これは、仏陀《ぶっだ》の時代の「随犯随制《ずいぼんずいせい》」、要するに「事件が起きたら戒律ができる」ということと同じで、何か社会問題が起きたら国会で審議《しんぎ》されて法律がつくられることはよくあるのですが、何も起きていないのに、事前に予想してつくるということは、やはり、そんなに簡単なことではないのです。

そういう意味では、行政権のある内閣、つまり政府のほうが、あらゆる危険事態について想定した上で考えを出していくのは非常に大事なことであり、そこに「創造性」があるのではないかと、私は考えているわけです。

以上、全体的な意見としては、そういうところです。

ただ、いろいろともめている部分も数多くありますし、真っ正面から答えていなかった面もあるでしょう。やや変化球的な答えは、さまざまに出してはいたのですけれども、真っ正面から答えていないところがありますので、この際、私の考えを、できるだけ易《やさ》しく、国民に理解できる言葉で説明したいと思います。

これ以外について、「集団的自衛権はなぜ必要なのか」、あるいは、「集団的自衛権はなぜ問題なのか」ということでもあるかもしれませんが、考えをまとめておいたほうがよいと思われる論点があれば、質疑応答でお答えしたいと思います。

2 「国を守るために軍事力を持つこと」は善か悪か？

司会　それでは、質問のある方は挙手《きょしゅ》にてお願いいたします。

武田　本日は、ありがとうございます。世論《せろん》調査等では、「集団的自衛権行使容認には反対である」という意見が半数近くに上っており、一般《いっぱん》には、「このままだと日本が戦争をする国になってしまうのではないか」と受け止められているようです。

その背景を考えてみますと、やはり「反戦」という考え方が大きなことであるように思います。

要するに、「軍事力を持ち、それを行使することができるようになるということは悪である」という考えです。あるいは、それ自体が、ほかの戦争に巻き込《こ》まれたり、誘発《ゆうはつ》したりする原因になるのではないかという解釈《かいしゃく》があるのではないでしょうか。

例えば、沖縄《おきなわ》の基地問題にしても、「基地があるから戦争に巻き込まれるのだ」という意見の人は数多くいます。

また、「国際問題は、政治の力、つまり外交努力で解決すべきであり、軍事力に頼《たよ》るべきではないのだ」という意見もあると思うのです。

そういう意味では、「軍事力」に対する価値判断が非常に大きいように思いますので、「国を守ったり、平和を維持《いじ》したりするために軍事力が必要なのだ。あるいは善なのだ」ということを国民に理解してもらうためにはどうしたらよいのか、ご意見を頂きたいと思います。

世界中から非難を浴びた「一人の命は地球より重い」発言

大川隆法　それは、「人が殺し、殺されることは、悪いことであるか」ということでもあるでしょう。

たとえとしては、やや平凡《へいぼん》なものになりますけれども、アメリカ映画などを観《み》ると、すぐにＦＢＩが出てきて、悪党と撃《う》ち合いが起きます。日本と比べて、かなり厳しい撃ち合いをしますし、テロ犯や強盗犯《ごうとうはん》が人質《ひとじち》を取ったら、人質が死ぬことも承知の上で突撃《とつげき》し、皆殺《みなごろ》しにしてしまうような場面も出てきます。

そういうことに対して、日本的価値観からは、「人質が死んでしまうではないか。一人も死んではいけないんだ」というようなことを言われるわけですが、そうしたことは、国際的には、全般に認められていないことです。

少し古い話になるので若い人たちは知らないかもしれませんが、かつて、日本赤軍がダッカ日航機ハイジャック事件（一九七七年）を起こし、「政治犯を解放せよ」と要求したときに、当時の福田赳夫《ふくだたけお》総理が、「一人の命は地球より重い」という名言か迷言《めいげん》か分かりませんが、そういう言葉を述べて、政治犯を釈放したことがありました。ただ、それに対しては世界中からブーイングが起き、「テロを指揮していたような人を外に出してしまったら、また同じようなことが起きるではないか」という批判をずいぶん受けたのです。

もちろん、今では日本の警察も、SAT《サット》（特殊急襲部隊《とくしゅきゅうしゅう》）という、人質事件、立て籠《こ》もり事件を解決するための特殊部隊は持っているようではあります。

「権利の上に眠《ねむ》る者は保護されない」が法律の原則

大川隆法　ともかく、暴力行為《こうい》自体は、一般的に否定されることであるし、殺人行為も否定されることではありますが、法律に則《のっと》ってなされる場合は、「善悪の悪ではない」ということが一般的には認められているのです。

そうでなければ、刑務所《けいむしょ》の刑吏《けいり》が死刑執行《しっこう》したら、殺人罪が適用されることになるでしょう。しかし、これについては、裁判もあってのことではあり、その人の社会的危険性からして、社会に放つと第二、第三の事件が引き続き起きるほどの怖《こわ》さがあった場合、死刑まで行くこともあるわけです。

これが国家レベルで起きると、「戦争」ということになるでしょう。戦争の場合、両方に言い分があるのは、よくあることではありますが、それでもある程度、国際世論的に「善悪」を分けなければならないところはあると思います。

特に今は、韓国《かんこく》の元外務大臣が国連事務総長をしていますので、「韓国の大統領が中国と蜜月《みつげつ》関係をつくろう」などとしているような状況《じょうきょう》でありますと、国連軍も、実は頼りになるかどうか分かりませ

論点

「戦争イコール悪」なのか？
自衛のための戦争は合法

1928年に定められたパリ不戦条約では、「国際紛争を解決する手段としての戦争を放棄する」とされたが、1945年の国連憲章は自衛のための戦争は合法とした。集団的自衛権をめぐる議論の中で「戦争イコール悪」とした反対論が一部にあるが、国際法上根拠がない。

なお、国際法上認められている集団的自衛権の行使要件としては、①急迫不正の侵害（急迫性）、②他に対抗手段がない（必要性）、③必要な限度にとどめる（均衡性）――の個別的自衛権の行使要件に加え、「武力攻撃を受けた国がその旨を表明する」「攻撃を受けた国が第三国に対して援助要請をする」ことが、「ニカラグア事件の判決」に示されている。

ん。正しい判断で動いてくれるかどうかも分からない状況になるので、国連も中国のほうに尻尾《しっぽ》を振《ふ》ることも十分ありえることだし、アメリカの民主党政権が戦争を厭《いと》って、だんだん下がっていく状況であれば、既成《きせい》事実として認められることはあると思います。

ただ、一般的に見て、中国は、「尖閣《せんかく》なども中国固有の領土だ」と一方的に言っていますし、「沖縄も、中国固有の領土だ」と言っていますし、ベトナムやフィリピンについても同じようなことを言っています。そういう係争中のところを、「そうではなくて、自分のものだ」と言っているわけです。

先日も、「防空識別圏《けん》」というものを一方的に決めてきて、「そこを通る場合には、中国の許可を取れ」というようなことを言ってきました。それでは、「民間機を撃墜《げきつい》されるかもしれない」という恐怖《きょうふ》でいっぱいになってしまいます。そういうことがあるわけです。

領土問題は世界各地にあるので、非常に難しいことではあるのですが、基本的に、守る気がない国は、「権利の上に眠《ねむ》る者は保護されない」というのが法律の原則でありますので、「自分の国だけど、権利がない」と言うのであれば、これは取られてもしかたがないわけです。

例えば、泥棒《どろぼう》が家のなかに入ってきて、家のなかの金庫を持っていっても、「権利としては私のものだけれども、泥棒さんが『持っていきたい』という権利もあるかもしれないから、それはしか

論点 「権利の上に眠る者は保護されない」という法律原則

古くからある法律の格言。権利を持っていても権利を行使しない者は、法律で保護されないという意味。これは、民法の時効などにも示されている。

民法第167条
債権は、十年間行使しないときは、消滅する。

たがないことだ」と言うのであれば、金庫を持って逃《に》げられてもしかたがありません。「金庫を持って逃げられたけれども、警察に届けるのは、平和的でないからやめよう。そんな届け出をしたら、もう一回、襲《おそ》われるから、届けるのはやめよう」というようなメンタリティーによく似た意見であるように思います。

「原爆《げんばく》」と「原発」を混同している議論

大川隆法　それから、「原発施設《しせつ》があるから、かえって敵の攻撃《こうげき》を受けやすい。よそから攻撃の材料になる」という意見もあるのですが、これは、基本的に「原爆《げんばく》と原子力発電所との違《ちが》い」を十分に理解していない考えでしょう。

原爆は、それをきちんと爆発させるための信管（起爆装置）の部分が機能して爆発物に変える力が働かなければ、爆発しないのです。

したがって、原子力発電所を攻撃すれば、大きな火災事故や爆発事故にはなると思いますが、いわゆる原爆が落ちたようなことになるわけではないので、ここには誤解があるのではないかと思います。

また、「原発以外のものであれば大丈夫《だいじょうぶ》か」といえば、そんなことはないわけです。火力発電所なども、攻撃されるのは当然のことですし、石炭であろうと、石油であろうと、天然ガスであろうと同じです。

天然ガスなど、東京湾《わん》に近いところで、「ここにガスがありますよ」というように、空中に対して丸く展示しているように並んでいるのを見れば、「あそこへミサイルを撃ち込まれたら、どのようになるのだろうか」と恐怖を感じないわけではありませんし、ほかの施設にも攻撃ができないわけではありません。水力発電所でも攻撃は可能です。

さらに、「自然エネルギー」と称《しょう》して、太陽光パネルをたくさん地面に張ってもよいのですが、これも簡単に壊《こわ》すことができます。ミサイルでも、爆弾《ばくだん》でも、機銃掃射《きじゅうそうしゃ》でもよいですし、このパネルを壊してしまおうと思えば、簡単に壊せます。軍事的攻撃をすれば、簡単に壊せます。

要するに、〝産業の米〟としての電力を供給できない体制にもってくることは、戦争で攻撃を起こせば、簡単にできます。

「原発」という、わずかなウラニウムで発電ができる、そういう生産性の高い発電設備を持っているのに、自らそれを放棄《ほうき》し、さらに、タンカーによる原油の輸送をエネルギー源の生命線にするのであれば、どうなるのでしょうか。

これは、外交評論家の岡崎久彦氏が台湾防衛の重要性についてよく言っているように、「台湾が中国の支配下に入った場合は、日本のタンカーが入ってこれなくなる。制海権を取られたら、もう、原油が入らなくなる」ということになります。

「原子力発電はできない。原油は入らない」ということになった場合、今の日本固有のエネルギー確保は、せいぜい四パーセントから五パーセントと言われている状態ですので、かなり厳しいです。

また、「海底を掘《ほ》って、新たなメタンハイドレートなど、いろいろなものを開発する」ということもあろうかと思いますが、非常に深いところにありますので、「海底に櫓《やぐら》を組んで、それを掘る」というようなことを行っても、制海権を取られて、海軍の軍事行動によって攻撃を受けたら、このようなエネルギーの供給は、かなり難しくなってくるでしょう。

「日本原罪論」の誤りを正す

大川隆法　そういう意味で、私は、「基本的に、現代の兵站《へいたん》の一つにはエネルギーの供給の部分があるので、これを止められたら、どうにもいかなくなります。あらゆる工場生産は成り立たなくなるので、トヨタの自動車であろうと、JRであろうと、動かなくなります。それでよいのですか。〝ろうそく生活〟に戻《もど》りますが、よろしいのでしょうか」ということを申し上げているわけです。

また、食料については、もちろん、自給の問題はありますが、そうした電力が止まれば、やはり、先進国はほとんど機能しない状態になります。

したがって、「心のなかに、そういう潜在的《せんざい》自己破壊《はかい》願望、集団自殺願望があるために、そうなっているのではないか」と疑わしいところがあります。そのため、先の大戦における「原罪論」を押《お》しつけてくる考えに対しては、その反対の考えとして、「南京大虐殺《ナンキンだいぎゃくさつ》というのは、実際上、言われているようなものはなかったのではないか」ということを、いろいろな角度から、霊言集《れいげんしゅう》等を通して解説をしています(前掲《ぜんけい》『天に誓《ちか》って「南京大虐殺」はあったのか』、『従軍慰安婦問題と南京大虐殺は本当か?』〔幸福の科学出版刊〕参照)。

それから、「『先の戦争は、完全に日本が悪だった』という考え方には、間違いがあるのではないか。日本の戦争がなかったら、少なくとも、アジアやアフリカの欧米《おうべい》の植民地が独立することは、かなり困難であっただろう」と言っています。

それについては、インドなどは、本当に心の底からよく分かっていると思います。イギリスに百五十年間も支配されていますし、それがよい政治ならよいのですが、かなり悪い、搾取《さくしゅ》型の政治をされていましたので、そのことをよく知っているのでしょう。

中国に返還《へんかん》され「自由」がなくなりつつある香港《ホンコン》

大川隆法　他方では、イギリスの租借地《そしゃくち》であった香港《ホンコン》においても、十七年前に返還《へんかん》されて、「五十年間は、一国二制度を守る」ということを言っていたのに、すでに中国本土の北京《ペキン》政府の影響《えいきょう》はかなり強力に出てきています。二〇〇三年にも大規模な五十万人のデモがありましたし、返還十七年となった最近にも、主催者側《しゅさいしゃ》が何十万人と発表している大規模なデモがありました。

要するに、「香港の自由がだんだん制約されてきつつある」ということです。「言論・出版の自由」が制約されてきて、中国の考え方が押しつけられてきているわけです。

それから、「香港を統治する長官等も、北京政府が完全に押さえている」という状態であり、それに対する反発等も起きています。

また、台湾でも、台湾の学生等が、国会に当たるところを占拠《せんきょ》して、中国に呑《の》み込まれることに反対しています。

今、香港の市民は、「自由が失われる」ということについて、身に染みて感じているところです。

近年、私は香港で講演をしました。香港の人たちが、完全に北京政府に呑み込まれるか、海外に逃げるか、どちらかしかないと思っていたところ、私が、「中国の香港化をしなさい。中国本土のほうに、自由と民主主義をもたらすように努力したほうがよい」という第三の道を提案したわけです（注。二〇一一年五月二十二日の香港での法話《ほうわ》"The《ザ》 Fact《ファクト》 and《アンド》 The《ザ》 Truth《トゥルース》"「事実」と「真実」）。

それについては、香港の方々は考えたことがなかったようでしたが、今、実際上は、その方向で一生懸命《いっしょうけんめい》に意見を発信しているようではあります。しかしながら、出版社関係や執筆家《しっぴつか》等がいろいろとマークされ始めて、厳しくなってきているようではあります。

ＣＮＮなども、アジア圏では香港を本拠地にしていますが、次第《しだい》しだいに発信するものが変わっていくのではないかと思って、私も注意して見ています。

通常のレベルの事故であれば、中国について報道することもありますが、政治的なものが重なってくると、極《きわ》めて抑制的《よくせい》になってきていると感じています。CNNは、アメリカ資本の会社ではありますが、自由でなくなってきつつあるのではないかと思います。

イギリスのBBCも、アジアではシンガポールを本拠にしていますが、ここも華僑《かきょう》がとても多く、中国の手はだいぶ回ってくるだろうと思いますので、だんだん情報操作も盛《さか》んになってきているのではないかと思います。

ただ、こうした「情報戦」と「外交戦」で敗れた場合には、孤立《こりつ》して、やられることもありえると思います。今は安倍《あべ》首相が、その厳しい凌《しの》ぎをやっているところだと思います。

しかし、安倍首相は非常に体力を使って、かつての総理では考えられないほどの動き方をしているので、体調等で十分に続けられるのかどうか心配なところです。さらに、「安倍さん以後になったら、どういう人がどういうことをするのか」というところも、やはり心配な部分はあります。

「不当な暴力から他者を守る」のは当然のこと

大川隆法　いずれにしても、基本的には、正当防衛のレベルであれば、憲法上の問題ではなくて、刑法上の問題です。

例えば、夜道を歩いていて暴漢に襲われて、ナイフで脅《おど》されたりした場合を考えると、「襲われた人が空手の名人で回し蹴《げ》りを入れたら、当たりどころが悪くて相手が死んでしまった」みたいなこともあるかもしれません。ただ、自分が死ぬ可能性があったような場合は、もちろん正当防衛が成り立ちます。
それから、自分だけではなくて、自分は当事者ではなかったけれども、目の前で夜道を歩いている女性が暴漢に襲われているというようなときに助けに入ることは、社会的・道徳的に見ても当然

論点　集団的自衛権は、刑法上の正当防衛に当たる

「自衛権」は「正当防衛」とほぼ同じ意味（英語では、どちらも self-defense)。刑法では、暴漢から自分だけでなく他人を守ることは正当防衛と見なされる。国家レベルでも、この論理はそのまま通用する。

今回の解釈変更の閣議決定は、軍拡主義の独裁国家から日本と近隣の国々を守るためのものだ。

中国は核ミサイルを多数持ち、日米合わせた防衛力をしのごうと軍事力強化を進めている。南シナ海などでの中国軍の圧力に対し、東南アジア各国やオーストラリアなどが日本のプレゼンスを求めている。日本の集団的自衛権行使容認が「過剰防衛」という批判は当たらないと考えられる。

刑法第36条
急迫不正の侵害に対して、自己又は他人の権利を防衛するため、やむを得ずにした行為は、罰しない。

のことでしょう。

つまり、集団的自衛権の問題というのは、「不当な暴力行為や軍事行動から守るために、他の人が助けるというのは当たり前のことなのだ」という発想から出るべきなのではないかと思います。

ですから、アメリカと同盟関係を結んでいても、「今は予算の問題で、軍事的な予算を削減《さくげん》中であるために、行動が取れない」というような言い訳をアメリカ側が使う可能性もあるわけですが、安倍首相はそれを十分に計算しているとは思うのです。

もちろん、個別的自衛権でもいいですけれども、それで全部対応できるまでにはそうとう距離《きょり》がありますし、第七艦隊《かんたい》の存在は非常に大きいところがありますので、今は「集団的自衛権」が最善の策なのではないかと思います。

全体主義に近い中国、「人質《ひとじち》」を取っている北朝鮮《きたちょうせん》

大川隆法　あるいは、中国や北朝鮮《きたちょうせん》が態度を改めて同じ流れに入ってくれるのなら、少し話は別になりますし、そうしたアプローチをすることも大事なことだと思います。ただ、独裁国家であることはまぎれもない事実だと思います。

例えば、中国内部にある香港市民でさえ、大規模なデモを起こして、自由が剝奪《はくだつ》されてくることに対する抵抗《ていこう》をしていますが、強権を発動すれば、みんなすぐに刑務所に入れられてしまうことになっている国です。

さらに、ウイグル自治区等でも、独立運動を起こせばテロリストと見なされて、非常に激しい弾圧を受けていますので、これはどちらかといえば「全体主

義」に当たるものに、かなり近いと考えていいと思います。

また、北朝鮮についても、今は日朝の〝人質《ひとじち》返還〟を目指しての交渉《こうしょう》があるので非常にややこしい関係にはなっていますが、今年で五回目のミサイル発射実験も行っていますし、「核《かく》ミサイルも開発が終わっている」とすでに言われているのです。

ただ、自国民も飢《う》えているような人口二千万人ぐらいの小国が、核ミサイルで日本でも他の国でも脅せるようになるということは、あまり望ましいことではないと思います。さらに、中国のほうとも関係が非常に薄《うす》くなってきていますので、中国の意見で北朝鮮を抑《おさ》えるということもできなくなってきていると思います。

安倍首相がどういう考えを奥《おく》に持っているかは知りませんが、「拉致《らち》された日本人で助け出せる者は助け出したあと、善悪に基《もと》づく〝けじめ〟はつけたい」という考えを持っているのではないかと思うのです。今は、「人質を取られている」と考えているかもしれませんので、まずは「人質の解放」を求めて、自分のほうは言うべきことを、やや抑制しているのかなと思います。

五年前から国防の危機を訴《うった》えてきた「幸福実現党」

大川隆法　いずれにしても、戦後七十年を迎《むか》えようとしていますが、いろいろなことを考えた上で述べると、「既成事実」や「前例主義」に頼るだけで未来を判断するのは危険ではないかと思います。

私たちも二〇〇九年に幸福実現党をつくって、国防の危機を訴えました。現実のところ、あのときは、多くの人々はあまり本気には考えていなかったと思うのですが、その後は、言っていたとおりといいますか、今では、言っていたことよりも悪い状況に向かってきてはいるわけです。

やはり、これは、ある程度、努力をしなければいけないのではないでしょうか。

本当の意味で国家を守る気のない政府であるならば、それは必要のない政府でありますし、「中国の一部として吸収されてしまってもよい」と言うのであれば、そういう方々は、亡命《ぼうめい》されても構わないだろうとは思います。

やはり、もう一段、ロジカルに物事を考えることができなければ、「世界的には通用しない先進国」ということになるのではないでしょうか。

3　日本が「集団的自衛権」を持たないリスクとは

司会　それでは、次に、ご質問のある方、よろしくお願いいたします。

酒井　大川総裁のお話にもありましたが、国際的な面では、「新聞の国際欄の記事と、一面に載《の》っている政治記事が分離《ぶんり》している」などというように、国際常識と国内の考えとが、少し違《ちが》っている点がありますし、あるいは、国連憲章でも、集団的自衛権は、当然、認められていますが、日本だけが個別的な自衛権にこだわっています。

そこで、現在の国際情勢から見て常識である集団的自衛権を日本が持たないことのリスクについて、今後、想定される面も含《ふく》めて、ご教示いただければと思います。

戦後七十年続いた吉田茂《よしだしげる》の「アメリカは番犬」の考え方

大川隆法　おそらく、出発点は、吉田茂《よしだしげる》・元首相の考えだったと思います。マッカーサーのほうからも、「日本も、もっときっちりと再軍備をやるように」と、憲法九条の改正まで言われていたようではありますが、吉田政権が長期政権でもあって、この人が、なかなかの〝食わせ者〟でありました。〝へその曲がった人〟ではあったのです。

「アメリカは日本の番犬様だ」というようなことを言いながら、要するに、

「防衛費はかけずに、経済発展にのみ専念したら、戦後、日本は発展した」ということです。それは、一種の成功譚《たん》であって、戦後は、教科書等でも、それを肯定《こうてい》してきた流れがあったし、世論《せろん》もそうだったと思います。それには、運がよかった面もあるでしょう。

ただ、生前の松下幸之助《まつしたこうのすけ》さんなどもおっしゃっていたように、一定以上の国力を持ち、富を持っている国であるなら、資産の防衛もしないと危険になってきますし、外国からも信用されなくなります。すると、「投資先としての日本が信用できないなら、自分の財産を自分で守れないのではないかと心配だ」という考えも出てきます。

そういう意味では、吉田茂・元首相は長期政権で、かなりの高齢《こうれい》でもあったし、へそが曲がっていたところもありましたが、そうした人の判断の延長上に、

「五十五年体制」というものが出来上がってきて、それを、ずっと踏襲《とうしゅう》してきたわけです。

やはり、朝鮮《ちょうせん》戦争が起きた段階で、ある程度、憲法の修正条項《じょうこう》は加えるべきであったのではないかと思います。日本は、好景気、軍需《ぐんじゅ》景気だけを享受《きょうじゅ》し、防衛義務のようなことを考えなかったのです。

ただ、当時のアメリカは強かったこともあって、安心し切っていたところもあったのかもしれません。戦後の焼け野原から見たときの感じとしては、「丸《まる》裸《はだか》でいい」と思ったかもしれないし、「今さら竹槍《たけやり》で武装してもしょうがない」というような感じはあったのかもしれません。ここまで国が発展してくるとは考えていなかったのでしょう。

日本人に今、必要な「武士道の精神」

大川隆法　しかし、これほどの大国になっているのに、武装が十分ではないということは問題ですし、ヨーロッパの国などでアンケートを取れば、五十パーセントの人は、「日本は核《かく》武装をして

論点　自衛隊を認めない「占領憲法」の限界

戦後、アメリカなどの占領軍は、軍隊不保持の憲法９条を日本に押し付けたため、1946 年時点では、個別的自衛権すら認められていなかった（p.33 参照）。だが、朝鮮戦争が起きた 1950 年、占領軍の意向を汲み、吉田茂首相は個別的自衛権を認め、自衛隊を創設した。

だが、憲法９条の「陸海空軍その他の戦力は、これを保持しない」を素直に読めば、自衛隊は憲法違反になる。

自衛隊をめぐる司法判断は、「国家統治に関わる高度な政治性を有する国家の行為については、司法審査の対象から除外するべきである」という「統治行為論」によって避けられてきた。他国から自衛隊が明確に「軍隊」として扱われていることからしても、憲法解釈上の問題は明らかであり、憲法９条は一刻も早く改正すべきものだ。

いる」と思っているぐらいです。彼らは、日本が核兵器を持っていないなんて、まったく信じていません。

「（日本は核兵器を）持っている」と思っている人が五十パーセントもいて、「当たり前でしょう。当然、それくらいの準備はしているでしょう」と思っているらしいのです。

その集団的自衛権のところを踏《ふ》み込《こ》まれ、条件、制約をつけて、「限定的に」とか、「最小限に」とか、一生懸命《いっしょうけんめい》言っています。国会も言葉の応酬《おうしゅう》で成り立っているので、厳密なことを言わないと、すぐ揚げ足を取られるため、本音の議論ができないところは残念だと思っていますけれども、そういう軍事紛争《ふんそう》になったら、あまり「場合分け」してやっていると、軍人のほうが動けなくなってきます。自衛隊のほうだって、「これが、よいか悪いか」について、いちいち判断を仰《あお》がなければいけないようでは困るということです。

したがって、単純に、「国民の生命、安全、財産、及《およ》び、領土・領空を守れ」と、それだけを言っておけばいいわけであり、「その方向での活動をきちんとしなさい」ということでやっていればいいし、米軍との軍事協調はやるべきだということです。

今回は、陸上自衛隊が、初めて、ハワイでの離島防衛訓練を米軍と一緒《いっしょ》にやっています。今まで、海上自衛隊は行《おこな》ったことがありますけれども、陸上自衛隊は、初めて行ったようです。

このように、今、共同で訓練も始めてはいますけれども、はっきり言いまして、アメリカの退潮《たいちょう》も残念ではありますが、やはり、日本人としての腰《こし》の抜《ぬ》け方が、普通《ふつう》でないような感じがしてしかたがありません。

やはり、「武士道の精神」を、もう一回持たなければいけません。こんな国民性ではなかったはずだと思うのです。武士道に関しては、命のやり取りがあったり、自決したりすることもありましたが、やはり、「天に誓《ちか》って」「神に誓って」というか、「正義」とか「忠義」とか、いろいろな徳目のために、その剣《けん》を使っていたということはあったわけで、盗賊《とうぞく》みたいに刀を振《ふ》りかざしていたわけではなかったのです。「大義名分があるかどうか」というところは、大きかったと思います。

「集団的自衛権」を否定すれば、日本一国で守らねばならない

大川隆法　集団的自衛権について、「これが軍国主義への道になるのだ」とい

う言い方をしますと、「個別的自衛権だけ」ということになりますので、こちらのほうが、もっともっと負担は重くなってくることになります。あらゆることに対して、日本一国で対応しなければいけないからです。

それで、アメリカ軍を想定せずに、自国だけで守れるようにしようとしたら、これもまた、他国から「日本脅威論《きょうい》」を言い立てられるきっかけとしては、さらに大きくなる可能性はあると思います。

ただ、沖縄《おきなわ》のように、「米軍基地が多い」ということで、あれだけ反対運動が起きていると、かつて、フィリピンから、米軍基地であるスービック基地が撤退《てったい》していったのと同じような流れになる可能性があるのではないかと思うのです。「そのときに、完全無防備型になるのか。自衛隊が、それに代わるだけの戦力を持つのか」という論点が、もう一つ出てくるわけです。

「米軍が撤退して、自衛隊が、それに代わるだけの戦力を持てば、それで納《なっ》得《とく》するのか。やはり、それも嫌《いや》なのか」、あるいは、「沖縄は、中国に平和裡《へいわり》に吸収されて台湾《たいわん》と合併《がっぺい》したいのか」というような感じの議論も、まだありうると思うのですが、米軍基地の撤退を言っている人たちは、そこまで考えてはいないだろうと思うのです。

「日本のほうが、守り切れないということが事前に分かってきたら、あっさりと白旗を揚げてしまう可能性はあるのではないか」という気がします。やはり、「権利の上に眠《ねむ》る者は保護されない」ということを、よく知っておいたほうがいいと思います。「自分の領土だ」と言うなら、それは、はっきりと権利として言うべきだと思います。

例えば、中国が、「琉球《りゅうきゅう》は中国のものだ」と言うのと同じように、最近では、韓国《かんこく》も、「竹島《たけしま》だけでなくて、対馬《つしま》も韓国のものだ」などと言い始めています。まあ、口だけで取れるのなら簡単なことで（笑）、相手が弱いと見たら口だけで取れるようになってくるため、このへんについては、当然の、理性的な議論は要《い》るのではないかと思います。

竹島問題についても、韓国のほうは〝内部洗脳〟がなされているので、なかなか難しいことはありますけれども、十分に自衛隊の装備が機能していない段階で、「李承晩《りしょうばん》ライン」（一九五二年）を引かれて、韓国領土に自分たちで勝手に組み込んだという事情もありますので、「無防備であるということは、一方的に、そういうふうに線を引いて取られたりすることもありえる」ということです。

●李承晩ライン　1952年1月18日、韓国初代大統領・李承晩の「海洋主権宣言」に基づき、韓国政府が一方的に日本海・東シナ海に設定した軍事境界線のこと。1965年の「日韓基本条約」締結に伴い廃止されたが、いまだに韓国による「竹島」（韓国名「独島」）の不法占拠が続いている。

中国は「日本の支配」も計画している

大川隆法　中国が言っている「第二列島線」とは、日本列島の真ん中あたりの東京都から小笠原《おがさわら》諸島の南までいくラインですが、そこまで中国の領海にしていくというような考え方を持っているのです。これは日本の支配圏をそうとう取られることを意味していますし、これで終わりかどうかも分かりません。

　おそらく中国は、アメリカがハワイから撤退する事態まで計画としては持っている

●第二列島線　中国が制海権の拡大を目指して定めたライン。伊豆諸島を起点とし、小笠原諸島、サイパン、グアム、パプアニューギニアに至る。

のだろうと思われます。それは「二〇五〇年以降の計画」かもしれませんが、そこまで持っていたら、日本全域も当然ターゲットになってくるでしょう。

したがって、日本としては東南アジアの国々やオセアニアの国々、インド、パキスタン、それからロシアとも関係を強化して、なんとか集団で守ろうとしています。しかし要するに、「集団」ということは〝弱い〟ということです。羊が群れになって、輪になって、後ろ足でオオカミを蹴《け》ろうとしている体制が、「集団的自衛権の体制」です。

もちろん、オオカミと一対一で戦える羊だったら、大した羊ですけれども、普通の羊ではちょっと無理でしょう。武装した羊でないかぎりオオカミとは戦えないし、戦ったら負けるに決まっています。「一対一で、個別的に戦え」ということは、羊に「一匹《ぴき》でオオカミと立ち向かえ」と言っているようなものなので、難しいと思われます。

〝占領《せんりょう》憲法〟は自主憲法に変えていくべき

大川隆法　ただ、最終的には、憲法改正までするのが正直だと思います。自衛隊はどこから見ても軍隊ですが、憲法上は軍隊を持っていないことになっています。こういう〝怪《あや》しい条項〟が憲法にはたくさんありますので、占領下においてつくられた憲法はもう一度洗い直して、「自主憲法」として考えていくべきではないかと思うのです。また、修正条項を加えていくのも、一つの手ではあるかもしれません。そういう意味での「自主権」を取り戻《もど》さないといけないのではないでしょうか。

要するに、自主権を取り戻し、日本が国として「半主権国家」から「主権国家」に移行する過程で、米軍基地のシェアを減らしていけばいいと思うのです。便宜《べんぎ》を図《はか》ってもいいですが、「米軍基地のシェアを減らして、日本の自衛隊のほうでキチッと守るようにする」という考えであるならば別に構いませんし、それで米軍の基地等が多少トランスファー（移転）してグアムやハワイに戻っていくことに対しては、私は反対する気はないのです。ただ、「今の段階では、きついのではないですか」ということを述べています。

つまり、集団的自衛権から逃《に》げていくのなら、個別的自衛権のところをもっと強化しなければ、単なる正当防衛だけでは厳しいのではないかと思います。

日本だけ〝サッカールール〟で戦っているようなもの

大川隆法　例えば、最近は尖閣《せんかく》上空で、自衛隊機が中国軍機に三十メートルまで接近されているようなケースが発生しています。三十メートルといったら、相手の顔が見えるくらいの距離《きょり》ですし、後ろに回られてミサイルをロックオンされたら、絶対に撃墜《げきつい》されるでしょう。

日本の考え方からすれば、「向こうが攻撃《こうげき》してきた場合、正当防衛が成り立つなら反撃できる」ということですが、これでは、「考えているうちに撃《う》ち落とされる」ということになり、撃ち落とされてから反撃するというのは、無理な話です。

さらに、一機や二機で来ているくらいなら、こちらも一機や二機落とされても反撃するということはありえるかもしれませんが、大軍団で来られて一気に攻撃されたときは、「正当防衛だ」と判定して反撃するなどといっても、間に合わないでしょう。

例えて言えば、こちら（日本）はサッカーのルールで戦っていて、「頭と足だけで戦うのはいいけれども、手は使ってはいけない」状態で、相手は「手も使って構わない」というルールで、同じピッチで試合をしているような感じに見えます。ですから、そろそろ誰《だれ》かが勇気を出して判断しなければいけないと思います。

国民を守れない政府には、国民は「反乱」する権利がある

大川隆法　また、そうした軍事行動が起きた場合、それが正しいかどうかということは、〝歴史の法廷《ほうてい》〟で裁かれることはあるだろうと思うのですが、これについては甘《あま》んじて受けなければならないでしょう。

ただ、中国民衆のなかでも「弾圧《だんあつ》を受けている」と感じる人がだいぶ出てきている状況《じょうきょう》で、民主主義的な外見だけ見せてはいるけれども、現実的には独裁性が控《ひか》えています。その傾向《けいこう》性から見ると、やはり、十分危険だということは用心しなければいけないと思います。

「犯罪が起きないと信じたい」と、善念で祈《いの》ることは構わないのですが、例

えば、「十二時を過ぎて、女性が一人で暗い道を歩く」というのであれば、それ自体も悪いことではありません。そういうときは危険ですから、やはり、タクシーに乗るなり、家の人に迎《むか》えに来てもらうなりしなければいけません。「犯罪は絶対に起きないものと信じています」と信じるのは結構ですが、その無防備さには、責められるところがあるのではないかと思うのです。

ですから、いざ、映画「ファイナル・ジャッジメント」（製作総指揮・大川隆法。二〇一二年公開）に出てきたような、日本が他国に侵略《しんりゃく》される事態が起きた場合に、「政府は何ら無策で、何もできない。国民を守れない」ということであれば、今まで税金を払《はら》ってきた国民には、「反乱を起こす権利がある」と言わざるをえない状況ではあります。

「悪を犯《おか》させない」ために、宗教家としてあえて意見を言っている

大川隆法　宗教の立場で、そうした戦争肯定的な、あるいは、防衛肯定的なことを言うのは、あまりマスコミ受けしないし、一般《いっぱん》国民受けもしないということは、私も承知の上で言ってはいるのです。ただ、「悪を犯《おか》させない」ということも、非常に大事なことであるので、あえて、そういう議論ができる人が意見を言わなければいけないと思って、言っています。学者たちが前例主義で、新しい考え方を言う勇気がないようですので、宗教家ではありますが、あえて意見を言っているわけです。

ですから、集団的自衛権を強化するにしても、これは一時しのぎだと思いま

す。今は、とりあえず、これで凌《しの》げても、「いずれ、中国の海軍力、空軍力は、日米を合わせたよりも上になるため、守り切れなくなる」ということは、アメリカ自身がすでに認めていることではあるので、このままでは十年以上はもたないことになると考えています。

4 北朝鮮《きたちょうせん》と中国の崩壊《ほうかい》の可能性は？

司会　ご質問のある方は挙手にてお願いいたします。秦さん、お願いします。

秦　今、安倍《あべ》政権が集団的自衛権の行使の容認を急いでいる理由の一つとして、一説には、「北朝鮮《きたちょうせん》の崩壊《ほうかい》が間近であり、それに続いて、中国の崩壊、共産党の崩壊も起きるのではないか」というようなことも、ささやかれております。もし、そうなった場合には、本当に大変な事態になると思うのですが、中国の崩壊と、それが周辺諸国に及《およ》ぼす影響《えいきょう》について、現時点での先生のご見解をお伺《うかが》いできたらと思います。

「中国崩壊説《ほうかい》」には希望的観測も入っている

大川隆法　中国の崩壊《ほうかい》については、多少、希望的観測も入ってはいます。「勝手に崩壊してくれれば、日本側からは、戦争も何もせず、何もいじることなく、問題解決する」という希望的観測も入ってはいるので、ストレートには述べません。

ただ、オリンピックや上海万博《シャンハイばんぱく》などで不動産建設ラッシュが起き、中国経済が非常にバブル化していること自体は事実ですので、だんだんと成長が鈍化《どんか》しつつあります。

ですから、現在は、何らかの梃子《てこ》入れをしなければ、経済の好調が維持《いじ》できなくなり、貧富の差が開き、失業者が出てくるような状態にあるのかと思っています。

それで、軍事費には非常に膨大《ぼうだい》な金を注ぎ込《こ》んできていて、ここ十年ぐらいの軍事費の増大は、そうとう大きいので、習近平《しゅうきんぺい》氏の頭のなかは、毛沢東《もうたくとう》時代と、あまり変わらないのでしょう。

（習近平氏は）毛沢東政治を理想化していますが、それは、つまり、「先軍《せんぐん》政治」です。

「飢《う》え死にする人が大勢出ても、核《かく》兵器の開発や軍隊が優先」という考えを持っていたのが毛沢東の時代でした。ただし、経済政策では失敗したために、おそらくは二千万人を超《こ》えて、数千万人もの中国人民が飢え死にしたとも、粛《しゅく》清《せい》されたとも言われています。

そうした長い低成長期を経過した上で、鄧小平《とうしょうへい》が舵《かじ》を切りましたが、「経済面だけは西側に近づけて、政治面では今までの政治を維持する」というような、中途半端《ちゅうとはんぱ》な考え方を取っていました。

ただ、「ソ連邦《れんぽう》が西側のようにしようとして、ゴルバチョフが情報公開をし始めたら、あっという間に国が崩壊してしまった」というのを見て、中国は、「それはすごく怖《こわ》い」という教訓を得たので、情報の部分は国が掌握《しょうあく》して公開させず、情報を操作するという体制を維持しています。これは一種の全体主義的な面です。

希望的観測としては、それが自壊して、民主化が起きてくれるのがいちばんありがたいですし、一部、そういう運動もしているとは思います。ただ、習近平氏の考え方から見れば、毛沢東思想的なものを持っているので、軍事費をかけたわりに、経済的に疲弊《ひへい》してきたら、やはり、ほかの国の資源を取りに行くほうに考え方が向くのではないかと思います。

「経済崩壊《ほうかい》」と「軍事的支配」の競争をしている習近平《しゅうきんぺい》政権

大川隆法　習近平《しゅうきんぺい》氏は、先の第二次大戦中の日本を責めてはいますが、自分たちがしようとしていることは似たようなことであり、「資源がある国の占領《せんりょう》にかかってくるのではないか」という恐《おそ》れがあります。

ですから、「経済崩壊《ほうかい》が起きることを座して待つか。自らその資源を取りに行くか」ということで、今は、後者のほうを優先しているわけです。ベトナム沖《おき》の油田開発や、あるいは、フィリピンとの係争地にも、勝手に自分たちで島

をつくって油田開発に入ろうとしています。要するに、資源の争奪《そうだつ》に入ってい
るわけです。

このように、「軍事力をお金に換《か》えようとしている」というのが、今の習近
平氏に見られる態度です。

先日、安倍首相は、ニュージーランドやオーストラリアに行きましたが、オ
ーストラリアは鉄鉱石や石炭に恵《めぐ》まれていますので、中国からの移民もかなり
増えています。オーストラリアに財産を逃《の》がしたり、親戚《しんせき》の一部をオーストラ
リアに移したりして、いざというときは、国外脱出《だっしゅつ》の可能性を考えていますが、
もう一つには、「占領する可能性もある」ということです。「資源を欲《ほ》しい」と
いうことは、そういうことも言えるわけです。

鉄鉱石や資源については、ブラジルやアルゼンチン系統にまで手を伸《の》ばして

いるぐらいですので、あれだけの大きな人口で工業発展をすれば、やはり、そうとうな資源を吸い上げなければいけません。鉄鉱石や石炭、石油等を、そうとう採らなければいけないわけです。

今、モンゴルで発掘《はっくつ》している石炭は、ほとんど北京《ペキン》などにトラックで運ばれています。その石炭を暖房《だんぼう》や火力発電など、いろいろなものに使っているので、その粉塵《ふんじん》が強くなって、PM2・5（大気汚染粒子《おせんりゅうし》）というものになり、日本にまで来ている状況《じょうきょう》です。そのため、北京市内では、マスクをかけないと歩けないようになることも、よく起きています。

石炭によって、それだけ被害《ひがい》が出ていることを知っていても、使わざるをえない状況になっているため、石油の需要《じゅよう》なども、もっともっと出てくるだろうと思います。

こうしたことを考えますと、おそらく、中国は、ベトナムやフィリピンだけではなく、中東やアフリカ辺りまで、支配権を伸ばしていきたいと思っているでしょう。

つまり、「崩壊と軍事的な支配のどちらが早いか」という競争に入っているのだと思います。

中国内部で反対運動の「粛清《しゅくせい》」が起きる可能性がある

大川隆法　ただ、今の感じで行きますと、どうでしょうか。基本的には、「数千万人ぐらいは粛清《しゅくせい》してでも、国体を維持する」ということを考える国だと思うので、反対運動や自由化運動だけで崩壊させることは、かなり難しいです。

「経済のバブル破裂《はれつ》により、政府不信が起きて、軍も含《ふく》めた民衆が蜂起《ほうき》し、国を倒《たお》すというようなことが起きるかどうか」ということですが、現在の体制から見れば、やはり、制圧される可能性のほうが高いです。

また、中国において、シリアやウクライナで起きたようなかたちで、政府が民衆を押《お》さえ込む軍事行動に出たとき、アメリカやほかの国が多国籍《たこくせき》軍を組んで、中国に対して平和維持をするための行動に出られるかといえば、それは恐《おそ》ろしくて出られないと思います。

中国は〝口〟がすごいですから、「やるのであれば、核ミサイルを撃《う》ち込むぞ。大陸間弾道弾《だんどうだん》を撃つぞ」と言われたら、動くに動けないようになり、実際には、そうとうの虐殺《ぎゃくさつ》が起きる可能性が高いのではないかと思います。

「北朝鮮崩壊《きたちょうせんほうかい》」で日本に難民が押《お》し寄せることも

大川隆法　その過程で、一部、中国南部、それから香港《ホンコン》や台湾《たいわん》系の人たち、あるいは北朝鮮《きたちょうせん》の崩壊《ほうかい》が同時に起きてくる可能性もないわけではないので、難民等が日本のほうに押し寄せてくるという可能性も十分にあると思います。
「近いので、とりあえずは日本に逃《に》げる」ということです。台湾あたりに逃げても、台湾も取られる可能性がありますので、日本のほうに逃げてくるという可能性はあります。北九州から中国地方の海岸線辺りに、ゴムボートなどででも、けっこう逃げてこられます。実際、北朝鮮の日本人拉致《らち》事件も、ゴムボートなど、あのようなものでやって来ていますので、逃げてこられることはあると思うのです。そうなると、かなり治安の悪化はありえると思います。

韓国《かんこく》のほうも、大統領が日本の悪口を一生懸命《いっしょうけんめい》言っていたけれども、北朝鮮が崩壊すると、難民がなだれ込んできます。そのときの恐怖《きょうふ》は、やはり、そうとうなものがあって、「日本に支援《しえん》してもらわないかぎり、とてもではないけれども持ちこたえられない」というようなことを考えているので、だんだん、〝告げ口外交〟ができにくくなってきているという状態です。

しかし、予断を許しません。

中国に「幸福の科学の考え方」を流入させ、価値観を変えさせたい

大川隆法　「チャーチルの霊言《れいげん》」でも、「（中国は）尖閣《せんかく》でも、そういう緊張《きんちょう》状

態を起こしながら、先に、ベトナムやフィリピンのほうで戦争を起こすのではないか」とありましたが（『「忍耐《にんたい》の時代」の外交戦略 チャーチルの霊言』〔幸福の科学出版刊〕参照）、アメリカがストレートに救いにくいところ、つまり、ベトナムとはベトナム戦争で戦ったし、フィリピンからは軍事基地が追い出されたあと、再度、守ってくれるような契約《けいやく》はしているけれども、あのオバマさんが本気でやるかどうか分かりませんが、その隙《すき》を突《つ》いてくる可能性は高いのです。

そういう戦争の状態は、いつ起きてもおかしくはないし、日本に対しても、「中国の戦闘《せんとう》機が自衛隊機に三十メートルまで近寄ってくる」という、かなり挑発《ちょうはつ》的な行為《こうい》をしています。さらに、向こう（中国の戦闘機）から接近してきたにもかかわらず、二百メートルの距離《きょり》で、自衛隊機が通常のスクランブルをしたときの映像を流し、「実は、これが起きただけだ」という嘘《うそ》の情報を流してまで、国際的に情報管理をしようとする国ですので、根本的には信用なりません。これは、私が価値観を変えたいと思っています。

そういう意味で、中国にも今、そうとう本を出版して、「宗教的な言論」、幸福の科学の考え方を流入させようとしているのですけれども、「そう簡単に間に合うかどうかは分からない」というように思っています。

中国が狙《ねら》う「米国債売却《べいこくさいばいきゃく》による米国経済破綻《はたん》」

大川隆法　「バブル崩壊による国家の破滅《はめつ》」というのを狙《ねら》っている人もいるとは思いますけれども、現実問題は、今の中国経済の規模から見ると、これが破裂するなら、連鎖《れんさ》して、アメリカも破裂するでしょう。貿易の取引額が世界一になっていますし、次に、国債《こくさい》のところの問題が出てきます。

中国は、米国債をたくさん買っており、中国がいちばん買っていますけれども、中国経済が破裂するのなら、当然、これを全部、売り払《はら》い、現金化します。米国債を売り払って、ドルに換えるということを始めると、「国家予算が組めないアメリカが、米国債を売り払われたら、どうなるか」ということですが、またしても、デトロイトで起きたような事件と一緒《いっしょ》で、公務員は給料をもらっていないで、〝クビ切り〟が起きるような状況が起きてきます。

当然、中国はそれを狙っていると思います。

さらに、中国は、日本国債をすでに売りに入っています。要するに、日本の国債を持っていたら、万一《まんいつ》、紛争《ふんそう》が起きたときに、日本の財務省と金融庁《きんゆうちょう》あたりが、中国の保有している日本国債に凍結《とうけつ》をかけてくる可能性があるので、それをやられないように、日本国債を売りに出しているのです。

もともと、海外の人は、(日本国債を)数パーセントしか持っていませんので、そう大きな影響はありませんけれども、早くも逃げてきています。

アメリカに対しては、「国債を売る」と言って脅《おど》す手はあります。そうすると、アメリカ経済が破綻《はたん》する可能性も出てきます。

それは、当然、日本経済も連動してくるということであり、中国が破裂すると、日米も同時に、かなり大きな影響を受けて、世界恐慌《きょうこう》的なものが起きる可能性がないわけではありません。

「その場合、どういうことになるか」ということですけれども、中国の〝ゴリ押し〟も、かなり効く場合がありえるということです。

それがあって、日本のだぶついている円を、中国に無償《むしょう》で吸収されることだって、ないとは言えないので、これについても、まだ予断を許さないところではあります。

いずれにしても、あまり幸運だけが巡《めぐ》ってくることを願うのではなくて、やはり、「やるべきことをやっている人に、そうした好循環《じゅんかん》はやってくるのだ」と考えたほうがよいと思います。

5　滋賀《しが》県知事選の「自公の敗北」をどう見るか

司会　それでは、次で最後の質問とさせていただきます。ご質問のある方は挙手にてお願いいいたします。竹内さん、どうぞ。

竹内　私のほうからは、昨日《さくじつ》（七月十三日）の滋賀《しが》県知事選の論点についてお伺《うかが》いしたいのですけれども、自民・公明両党が推薦《すいせん》した候補が、僅差《きんさ》ではあったのですが落選しました。

そこで、ある左傾《さけい》がかった新聞では、「十分な議論がないまま、集団的自衛権の行使容認の閣議決定をしたことや、自民党議員による女性蔑視《べっし》の野次《やじ》などが、安倍《あべ》政権への不信になっているのだ」という報道をしています。

それで、十一月に沖縄《おきなわ》県知事選、来年四月には統一地方選を控《ひか》えていると思うのですけれども、今回の滋賀県知事選を、大川総裁はどのように分析《ぶんせき》され、また、今後を、どのようにお考えになっているのかについて、ご意見を伺えればと思います。

「平和勢力」の言う「平和」は「隷属《れいぞく》」を意味する

大川隆法　タイミング的には、確かに悪かったのだろうなとは思います。

公明党も、「平和の党」とか、「平和勢力」という言葉で一生懸命《いっしょうけんめい》言っていますけれども、「平和の定義」がやはり変わってきています。

先の戦争のあと、再建するときの「平和」というのは、軍事非武装、要するに、「世界各国と良好な関係を築いて、もう二度と戦わない」という不戦の誓《ちか》いが「平和」という考えであったと思うのです。しかし今、状況《じょうきょう》はかなり違《ちが》ってきていますので、彼らが言っている「平和」は、「隷属《れいぞく》」のことを意味している可能性が高いと思います。

ハイエクは、「隷属への道」、あるいは、「隷従への道」ということを言っていますけれども、そうした、「全体主義に負けていく」「悪なる全体主義に呑《の》み込《こ》まれていく」ということは、平和を意味するのではなくて、「個人個人の人権」、あるいは「チャンスの平等」といったものが潰《つぶ》されていくこと、「言論の自由」「出版の自由」「信教の自由」等が押《お》し潰されていくことを意味するわけです。

したがって、それは、「人間性の喪失《そうしつ》」であるし、「神仏の尊厳を捨て去る」ことにもなっていくと思うのです。

日本人も理解していない「民主主義」の真意

大川隆法　日本人のなかにも、民主主義をよく理解しておらず、「国民主権や国民平等などの考え方によって、国民の多数決だけで決められる」と思っている人も多いと思うのです。

けれども、もともとの民主主義は、神があっての民主主義ですので、「神意《しんい》を十分に考えた上で、神の創られた人間として、甲論乙論《こうろんおつろん》、出し合って議論をし、理想的な政治をしよう」というところが、民主主義のよいところです。また、「生まれや財産によらず、いろいろな人に可能性やチャンスが与《あた》えられて、能力等、その人の実績によって認められていく世界である」というところが、民主主義のよいところなのです。

ところが、独裁型の、全体を一緒《いっしょ》にコントロール下に置こうとする支配体制になってきますと、自由にものが言えなくなって、さらに、出版することもできなくなって、信仰《しんこう》もできなくなるということになるわけです。

日本にだって、そのような傾向はあります。マスコミも、自分たちの好き嫌《きら》いで選《よ》り分けていって、自分たちが取り扱《あつか》いたくないものは、取り扱わないでいます。

宗教に関しては、基本的には、そういう対応をけっこう取っていますし、広告も載《の》せていると言っても、やはり、一部、自分たちにとって不利だと思うものは載せないようにしたりしています。

例えば、霊言《れいげん》でも、「古い人の霊言なら構わないけれども、生きている人の守護霊《しゅごれい》霊言などであれば、認められない」と言う場合もあります。これも、「思想」、「言論」、「信教の自由」から見ればおかしいことで、検閲《けんえつ》をし、自分で自分の首を絞《し》めているのではないかと思います。

左翼《さよく》の勢力は、中国側から、そうとう支配を受けていると言われていますので、そうした「自分たちの社是《しゃぜ》、社の方針に合わないものは載せない」というような感じから、だんだん、国民が言いたいことを言えなくなってくるようになる可能性があります。

左翼《さよく》マスコミが仕立て上げたい「安倍《あべ》ヒットラー論」

大川隆法　それで、左翼《さよく》系のマスコミのほうは今、安倍《あべ》政権、特に、安倍さん自体を、いわゆる、全体主義者の〝ヒットラー的存在〟のほうに仕立て上げていこうとしているのだろうと思うのです。つまり、「政府の解釈《かいしゃく》で、勝手に解釈改憲ができる独裁者だ！」という感じに持っていこうとしているのだと思うのです。

しかし、先ほど述べたように、基本的には、ローメーカー、「法律をつくる国会」としての機能は後手後手《ごてごて》になる傾向があり、問題を事前に抑止《よくし》することは、そう簡単なことではありません。

その意味で、「環境《かんきょう》を見ながら、事前に予測・判断し、対応するのは、やはり政府の仕事だろう」と、私は思うのです。

彼らは、その分でのリスクは負っていますし、選挙で負けることもあることを知った上で行っているはずです。ただ、増税がかかり、憲法九条の解釈をめぐっての論争もあって、一部の調査によれば、「政権支持率は五十パーセントを割っている」というところも出てきているため、非常に気にしているのではないかと思います。

「正義なき平和」を肯定《こうてい》すれば、日本人が奴隷《どれい》にされかねない

大川隆法　ただ、今、「平和の党」とか「平和主義」とかいうものの内容が全

部変わっていることを知るべきです。いくら「平和」といっても、「〝ジャスティス（正義）なし〟の平和」では、さすがにおかしいでしょう。

例えば、大きな軍を持っているところが一方的に相手を攻撃《こうげき》し、屈服《くっぷく》させることだけを考え、「それに従うことが平和だ」と言うのであれば、もはや、〝バビロン捕囚《ほしゅう》〟もあれば、〝エジプトの奴隷《どれい》になるユダヤ人〟もありえるし、〝ゲットー（ナチスの強制収容所）に囚《とら》われたユダヤ人のガス死〟もありえます。

もし、日本が無防備になったとしたら、日本人を集団的に連れていって三十万人ぐらい奴隷にすることも可能になるわけですから、そのようなものに簡単に従属するわけにはいかないでしょう。

したがって、そういう「隷属への道」を平和とする考え方があるならば、それは間違いであって、基本的に、「自由を取り上げていく政府は、悪い政府なのだ」ということは知っておいたほうがよいと思います。

外国人傭兵《ようへい》に頼《たよ》ってローマに敗れたカルタゴに学べ

大川隆法　また、「自衛隊員が死ぬかもしれない」というようなことを焚《た》きつける向きもありますが、国民の側からすれば、税金を払《はら》って自衛隊を維持《いじ》しておきながら、「戦争になったら死ぬから嫌《いや》だ」と言う自衛隊員がいるというのは、どうでしょうか。

もし、「戦争がないから自衛隊員をしているのであって、だから、妻とも結《けっ》婚《こん》したのだ」といったことを肯定《こうてい》するような価値観がはびこるのであれば、これは倫理違反だろうと思うのです。それは、「火を見たら逃《に》げる消防署員」のような感じになりますので、やはり入れ替《か》えをすべきでしょう。

したがって、国民をきちんと守るためのプロフェッショナルとして、代わりに守ってくださる方々を育てなければいけません。そういう意識をも高めなければならないと思います。

今のままでは、アメリカに頼《たよ》り、「〝外国人傭兵《ようへい》〟によって国を守る」という感じでしょう。

今のアフリカ北部のチュニジア辺りには、かつて、カルタゴという通商国家が非常に繁栄《はんえい》していたことがあります。ここで、ローマ対カルタゴの「ポエニ戦争」が起きたのですが、その三回の戦いを通じて、カルタゴはローマに徹底《てってい》的に破壊《はかい》されました。

カルタゴの首都にいた二十万人もの国民の大部分は殺されて、女子供など一部の者は奴隷として連れていかれ、最後には国民が丸ごといなくなって、国が全滅《ぜんめつ》してしまいました。さらに、作物が二度と育たないように土地に塩を撒《ま》かれるところまでされています。

ローマは、「カルタゴを滅ぼさなければならない」という大カトーの意見に従って三回にわたる戦争を行い、カルタゴを滅ぼしたのです。

そのとき、ローマのほうは自分たちの軍隊を持っていたのですけれども、カルタゴは外国人の傭兵を軍隊として使っており、最初、自国民の軍隊は持っていませんでした。傭兵に頼って経済的繁栄だけを求めていたカルタゴは、徹底的に殲滅《せんめつ》されたのです。「富だけを求める国民」は憎《にく》まれ、滅ぼされました。

今の日本にもそういうところがあります。すなわち、「富だけを求め、自分たちで自分たちを守ろうとせず、外国人に血を流せと言うのか」ということです。

集団的自衛権について、逆の議論をするならば、アメリカ側は、「日本を守るために、アメリカ人の青年に『死ね』と言うのか」と言えるわけです。「アメリカ人が死んでも、日本人は『一人も死にたくない』と言うんだな。自分たちは一人も死にたくないのに、『日本を守るためにアメリカ人は死ね』と言うんだな。これではたまらない」という意見は、当然、アメリカからも出てくるはずです。

やはり、ここは、歴史の教訓に学ぶべきではないでしょうか。

「日本人大虐殺《だいぎゃくさつ》」や「日本人慰安婦《いあんふ》」を現実化させないために

大川隆法　中国という国は、国内で数多くの戦争を経験してきた歴史があり、軍事史においては非常に貴重な史料を持っている国ですので、中国の政治家は、過去の歴史のなかで軍事の歴史を十分に学んでいるはずです。

今、日本では、公務員になったり、あるいは学者になったり政治家になったりするのに、教育上は、軍事知識を持っていなくてもなれるようになっています。しかし、そうしたものを知らないということは、やはり、実際は、「政治家としての資質」が十分ではないところがあるのではないでしょうか。

ですから、「戦争に負けたから、負けるのが嫌だ」ということと、「戦争が嫌だ」ということの区別が、十分にはついていないところがあるわけです。

今の流れから見れば、「南京大虐殺《だいぎゃくさつ》があった」とか「従軍慰安婦《じゅうぐんいあんふ》を集団レイプした」というような言い方をされていますが、こういうことを千年でも言い続けるような状態が続けば、「日本人三十万人ぐらいを大虐殺したって、別に罪でもないし、日本女性を二十万人ぐらい拉致《らち》していって、性的奴隷にしたって構わない」ということを平気で言うこともありえると思うのです。

「基本はどうしたらよいか」ということですが、やはり、「そうした全体主義には隷属せずに、個人が自由権をしっかりと守って、思想的に戦うことが大事であり、『自由の革命』が要《い》るのだ」というのが、私の考えではあります。

「すぐ忘れる国民性」がある日本は非常に危険

大川隆法　先の選挙では、また、左翼、民主党のほうに、やや有利に〝振《ふ》り子《こ》〟が揺《ゆ》れようとしているのかもしれません。やはり、（日本には）「すぐに忘れる」という国民性があるので、そちらのほうが平和のように思うかもしれませんが、鳩山《はとやま》政権のスタートのときに、「アジアを平和の海にする」「親中路線で平和になる」と言ったところ、実は、その中国は、着々と軍備を増強し、他国への侵略《しんりゃく》を考えて準備をしていたことが明らかになっているわけです。

これは、安倍政権になったから、そうなったわけではないということです。

もう、十年、二十年とかけてやってきたことであり、日本は、その間、何ら対策を取らず、アメリカに頼っていただけでした。

その間、アメリカのほうも、特にリーマン・ショック以降の衰退《すいたい》は大きかったと思うし、その後、オバマさんが「チェインジ」を合言葉にして出てきましたが、その「チェインジ」の中身は、結局、「社会福祉《ふくし》国家のほうに変えていく」というようなことで、やや孤立《こりつ》主義の方向に向かっているようには思えるのです。

つまり、「孤立主義で、アメリカ一国のなかをよくする」ということです。「アメリカ国内の差別をなくして、平等で、ある程度の中流の豊かさを維持できるような国家にしたい」という、かつての日本のような理想を実現するために頑張《がんば》っているように見えます。

「自由」を保障した上で、多様な考え方を受け入れることが大切

大川隆法　この両方を見比べたときに、やはり、先日行われた滋賀県知事選等での結果についても、京都の辺りも左翼が強いので、その影響《えいきょう》はそうとうあるとは思いますが、私は、少なくとも、「自由を保障した上での言論」で、それを多数が支持することで勝利するならしかたがないところがあるとは思いますが、「自由を保障しない体制下」において、万人《ばんにん》にそれを強制するような体制に対しては、基本的には反対です。

宗教も、民主主義下において繁栄するものだと信じています。宗教が必ずしも、独裁主義的で、専制主義的で、全体主義的なものだとは思っていません。

やはり宗教には、いろいろな神の声が降りてきますし、部族や民族によって、いろいろな宗教がありえるわけですから、そうした多様な宗教を受け入れることも、また、大事なことだという考えを当会も持っています。

ですから、ヒンズー教下のインドには、いろいろな神が存在するように、そうした「多様な考え方」を受け入れる素地としての宗教もありえるということで、可能性を提示しているのです。

左翼にも、理論的には鋭《するど》いところがあって、強権的な政府が出たときの批判に対しては、非常によい有効打を打つときもありますので、完全に否定しているわけではありません。〝直球〟が当たるような理論で批判してくるところは、十分な牽制《けんせい》効果があるとは思うので、その言論自体を、私は否定する気はありません。

しかし、やはり、「全体として、隷従への道へ国を導き、国民の基本的な自由を最終的には奪《うば》っていく方向に流れていくのは反対だ」ということは申し上げておきたいと思います。

司会　それでは以上とさせていただきます。大川隆法総裁先生、まことにありがとうございました。

大川隆法　はい、ありがとうございました（会場拍手）。

あとがき

とりあえず閣議決定で「集団的自衛権行使可能」な方向に踏み出したのは、前進である。しかしまだまだ志は低い。日本は国防の危機にあり、アジア・オセアニア諸国にも危機は迫っているのだ。今日の新聞にも米韓軍事演習を牽制《けんせい》して北朝鮮が百発も砲弾を連射した記事が載っている。こんなものに屈して「平和」を唱えるのではなく、「狂っている」とはっきり断定せよ。

日本に遅れること七十五年。太平洋の覇者《はしゃ》たらんとしている中華人民共和国に対しては、脚下照顧《きゃっかしょうこ》し、現在進行形で他国を侵略し、自国民の基本的人権を踏みにじっていることへの反省を迫れ。

そして日本自身は、売国的《ばいこくてき》マスコミと、売国奴的《ばいこくどてき》「平和」勢力（?）がはびこっていることに対し、神仏への信仰心を立てて浄化の闘《たたか》いを開始すべしと心得るべきである。

二〇一四年　七月十五日

幸福実現党総裁《こうふくじつげんとうそうさい》　大川隆法《おおかわりゅうほう》

『「集団的自衛権」はなぜ必要なのか』大川隆法著作関連書籍

『天に誓って「南京大虐殺」はあったのか』（幸福の科学出版刊）
『従軍慰安婦問題と南京大虐殺は本当か？』（同右）
『「忍耐の時代」の外交戦略　チャーチルの霊言』（同右）

「集団的自衛権《しゅうだんてきじえいけん》」はなぜ必要《ひつよう》なのか

2014年７月16日　初版第１刷

著　者　大《おお》　川《かわ》　隆《りゅう》　法《ほう》

発　行　幸福実現党

〒107-0052　東京都港区赤坂２丁目10番８号

TEL(03)6441-0754

発　売　幸福の科学出版株式会社

〒107-0052　東京都港区赤坂２丁目10番14号

TEL(03)5573-7700

http://www.irhpress.co.jp/

印刷・製本　株式会社 東京研文社

落丁・乱丁本はおとりかえいたします

ISBN978-4-86395-499-1 C0030

写真：アフロ

大川隆法 霊言シリーズ・緊迫する東アジア情勢を読む

日本よ、国家たれ！ 元台湾総統 李登輝守護霊 魂のメッセージ

「歴史の生き証人」李登輝・元台湾総統の守護霊が、「日本統治時代の真実」と「先の大戦の真相」を激白！ その熱きメッセージをすべての日本人に。

1,400円

守護霊インタビュー 朴槿恵韓国大統領 なぜ、私は「反日」なのか

従軍慰安婦問題、安重根記念館、告げ口外交……。なぜ朴槿恵大統領は反日・親中路線を強めるのか？ その隠された本心と驚愕の魂のルーツが明らかに！

1,500円

中国と習近平に未来はあるか 反日デモの謎を解く

「反日デモ」も、「反原発・沖縄基地問題」も中国が仕組んだ日本占領への布石だった。緊迫する日中関係の未来を習近平氏守護霊に問う。
【幸福実現党刊】

1,400円

大川隆法 霊言シリーズ・安倍政権のあり方を問う

安倍新総理 スピリチュアル・インタビュー

復活総理の勇気と覚悟を問う

自民党政権に、日本を守り抜く覚悟はあるか!? 衆院選翌日、マスコミや国民がもっとも知りたい新総理の本心を問う、安倍氏守護霊インタビュー。

【幸福実現党刊】

1,400円

吉田松陰は安倍政権をどう見ているか

靖国参拝の見送り、消費税の増税決定――めざすはポピュリズムによる長期政権? 安倍総理よ、志や信念がなければ、国難は乗り越えられない!

【幸福実現党刊】

1,400円

安倍昭恵首相夫人の守護霊トーク「家庭内野党」のホンネ、語ります。

「原発」「TPP」「対中・対韓政策」など、夫の政策に反対の発言をする型破りなファーストレディ、アッキー。その意外な本心を守護霊が明かす。

1,400円

※表示価格は本体価格(税別)です。

人間力の鍛え方

俳優・岡田准一の守護霊インタビュー

「永遠の0」「軍師官兵衛」の撮影秘話や、演技の裏に隠された努力と忍耐、そして心の成長まで、実力派俳優・岡田准一の本音に迫る。

1,400円

俳優・木村拓哉の守護霊トーク 「俺《オレ》が時代《トレンド》を創る理由《わけ》」

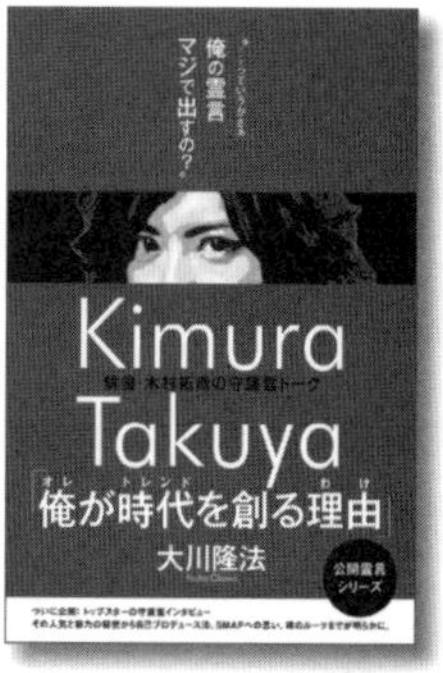

トップを走り続けて20年。なぜキムタクは特別なのか？ スピリチュアルな視点から解き明かす、成功の秘密、絶大な影響力、魂のルーツ。

1,400円

天に誓って 「南京大虐殺」はあったのか

『ザ・レイプ・オブ・南京』著者 アイリス・チャンの霊言

謎の死から10年、ついに明かされた執筆の背景と、良心の呵責、そして、日本人への涙の謝罪。「南京大虐殺」論争に終止符を打つ一冊！

1,400円